唱えればかなう真言事典

中野展子
［編著］

国書刊行会

はじめに

釈迦が仏教を始めるよりも前から、「真言」は存在していたといわれています。

「真言」とは、サンスクリット語のマントラの訳語で、神秘的な力を有する呪術的な言葉のことです。古代インドでは、神々を讃え、除災・招福の祈りをささげるときに、マントラすなわち呪文が唱えられていました。

釈迦が入滅して三百年から四百年後の紀元前後に大乗仏教が成立し、七世紀頃にはインド全域に広がりました。

大乗仏教は、原始仏教や上座部仏教とは異なり、出家者でなくとも、すべての衆生《しゅじょう》が悟りを開いて救われる、と説く教えです。そして、呪術的な儀礼や真言を大事にするという特徴があります。インドから中国、朝鮮半島を経て、日本に伝わった仏教も大乗仏教です。

大乗仏教が発展していく中で多くの大乗経典がつくられ、それにともない如来や菩薩などの多くの尊格が生まれました。あらゆる人々を救うために、多種多様な仏が必要とされた結果といえるでしょう。

それぞれの尊格には、仏の真実の言葉である真言が備わっています。その仏の真言を唱えることにより、仏の聖なる力が修行者の中に生みだされ、仏と一つになれるといわれています。そのため、真言は今日に至るまで宗派を超えて大切に唱えられてきました。

中でも大乗仏教から派生し、七世紀頃に大成した密教は、真言を特に重視する教えで、日本には九世紀はじめに空海によってもたらされました。

真言密教を学ぶ者にとって、真言は修行者が即身成仏を究極の目的として、修行のために誦《じゅ》する特別の言葉です。聖なる言葉である真言は、通常は仏教の修行を積んだ僧侶により用いられるものでした。

その一方で、真言は祈りのための呪句を起源としており、自然を畏怖し大地へ収穫の祈りをささげる古代インドの人々にとって、いつも生活の身近なところにありました。病を癒したり毒蛇や毒虫から身を守るための呪文として、だれもが唱えることができて、日々の生活を守ってくれるものでもあったのです。

日本でも古くから、真言を唱えることで、悩みや苦しみが取り除かれるという効力が信じられてきました。真言は悟りを得るための厳かな行法の一つであると同時に、病魔退散、延命、極楽往生、滅罪、安産、出世、勝利、商売繁盛などの現世利益をかなえるものとして民衆の間に浸透したという面もあります。

真言は、私たち一人ひとりが仏の智慧と慈悲の世界に直接つながるための特別な言葉です。

真言には、人知を超えた神秘的な力が宿っています。音そのものに力があるとされているので、意味はわからなくても、真言の霊験を信じ、繰り返し無心に声に出して唱えることが大切なのです。

この現代においても、救いを求める人々が大勢います。不安や苦しみを抱えていたり、生き方に迷うとき、修行者でない私たちでも、真剣に神仏の加護を求めて真言を唱えるなら、真言のもつ不思議な力により、さまざまな災いが取り除かれることでしょう。

この本は、真言についての入門書として、真言の起源や歴史の概要、諸仏の真言の意味や役割の一端にふれることで、真言ならびに仏教を学び親しんでいただくきっかけとなることを願ってつくられました。

最近は仏像鑑賞が人気を集めており、寺社巡りも盛んですが、ご本尊の真言や種字を覚えてから拝観すると、仏像の力をより身近に感じられることでしょう。

読者の皆様がこの本を通して、深遠な真言の宇宙に一歩を踏み出し、諸仏の功徳を授かるお手伝いができたら望外の喜びです。

［目次］唱えればかなう真言事典

第三章　真言の基礎知識　185

第一章　唱えれば願いがかなう
諸仏の真言とご利益

紀元前後、釈迦の教えをもとにあらゆる人々の救済を目指す大乗仏教が興り、人々の多様な願いにこたえるため多くの仏尊が生まれました。

この多種多様な仏尊は、如来・菩薩・明王・天などに分類されます。「悟りを開いた仏である如来」、「悟りを求める修行中の者である菩薩」、「密教における大日如来の化身である明王」、「仏教が取り込んだ異教の神々である天」などです。各尊の個性は千差万別ですが、それぞれの尊格に仏の真実の言葉である真言が備わっています。その真言を唱えることで個々の仏の加護を得ることができるといわれています。

・本文中に示した尊格が配置される曼荼羅の基本構造図は、第一章の最後（166～167頁）に掲げました。

如来の真言

如来はサンスクリット語の「タターガタ」の訳で、真理に到達し、衆生を救うために娑婆《しゃば》に来たる人、という意味があります。すなわち仏陀のことです。仏が悟った真理は、「如《にょ》」「真如《しんにょ》」と呼ばれます。

釈迦はこの世に来て悟りを開き教えを広めた「如来」であり、衆生を救済し涅槃《ねはん》に入られたことで「如去《にょご》」と呼ばれることもあります。

如来の中から、釈迦のような歴史上の人物のほかに、真理そのものを神格化した法身仏としての大日如来や毘盧遮那仏、さまざまな仏のはたらきを象徴する阿弥陀如来や薬師如来などの諸尊が生まれました。

大《だい》日《にち》如《にょ》来《らい》

（金剛界）

（胎蔵界）

種字：

バン（金剛界）
ア（胎蔵界）

真言

オン　バザラダト　バン（金剛界）

訳：帰命《きみょう》したてまつります。金剛界よ。

ノウマク　サンマンダ　ボダナン　アビラウンケン（胎蔵界）

訳：あまねく諸仏に帰命したてまつります。

ご利益

あらゆる願いを聞き届ける

宇宙の根源であり、仏の真理をあらわす密教の最高仏

大日如来は、サンスクリット語で「マハーヴァイローチャナ」といいます。音写すると魔訶毘盧遮那《まかびるしゃな》となります。マハーは「偉大な・遍《あまね》く」、ヴァイローチャナは「光・日」のことで、「偉大なる遍く光で照らし出すもの」という意味から、大日・大遍照《へんじょう》と訳されます。

密教では、大日如来は宇宙の真理そのものです。すべての命の根源であり、いっさいの諸仏は大日如来の化身であるとされます。

大日如来は、智慧をあらわす金剛界と、慈悲をあらわす胎蔵界の二つの曼荼羅の主尊としてその中心に存在しています。金剛界の金剛とは、ダイヤモンドのように強固な金剛杵《こんごうしょ》のことで、決して壊れることのない智慧の威力の象徴です。一方の胎蔵界の胎蔵とは、母親の胎内のように、すべての事象が包み込まれている仏の慈悲の世界を示しています。大日如来は、昼夜をとわず智慧と慈悲の光明ですべての人をわけへだてなく照らしだしてくれる仏です。

両界曼荼羅の諸尊それぞれに、真言と種字と印相があります。同じ大日如来でも出典となる経典が異なり、『大日経』（胎蔵界）と『金剛頂経』（金剛界）では真言が異なります。

大日如来の真言は、人々のあらゆる苦悩を取り除き、すべての願いを聞き届けてくれるというご利益があります。

毘《び》盧《る》遮《しゃ》那《な》仏《ぶつ》

種字：ア

（同体である大日如来の一字真言であり、諸仏の通種字として示す）

真言 ノウマク　サンマンダ　ボダナン　アビラウンケン

訳：あまねく諸仏に帰命したてまつります。

ご利益 すべての人々の願いに応えてくれる

蓮華蔵世界の中心にあり、人々をあまねく照らす如来

毘盧遮那仏は、サンスクリット語で「ヴァイローチャナ」といいます。その発音から「ビルシャナ」と呼ばれ、表記は「毘盧遮那仏」、略して「盧遮那仏」「遮那仏」と呼ばれることもあります。その意味は、「太陽のように遍《あまね》く照らす」というもので、その光明が宇宙全体を照らし、教えがいきわたることを表しています。真言は、全方位の諸仏に帰命するという意味です。

世の人々を救うためにこの世に姿を現した釈迦如来は「応身仏《おうしんぶつ》」とされ、毘盧遮那仏や大日如来は仏教の教えをそのまま神格化した「法身仏《ほっしんぶつ》」とされます。仏法の本体である毘盧遮那仏、その仏法をこの世で伝える釈迦という応身仏、この両尊がいてはじめて仏教が伝わったとされます。

毘盧遮那仏は蓮華蔵《れんげぞう》世界という極楽浄土で、千枚の花びらからなる蓮華座の上に座しています。その花びら一枚一枚に千の釈迦（大釈迦）がいて説法しており、大釈迦の蓮台にも千枚の花びらがあり、その一枚ずつに百億の仏（中釈迦）がいて、さらに中釈迦の台座の蓮弁にも一人の釈迦（小釈迦）がいて、それぞれ仏法を説いているといわれています。

毘盧遮那仏は、このような広大無限の智慧で仏法を説き、人々を照らし、諸願を聞き届けてくれる仏です。

東大寺の大仏として有名な毘盧遮那仏の仏像は、毘盧遮那仏を本尊とする華厳経《けごんきょう》の蓮華蔵世界の象徴として、聖武天皇によって七五二年に造立されたものです。

釈《しゃ》迦《か》如《にょ》来《らい》

種字：

バク

真言 ノウマク　サンマンダ　ボダナン　バク

訳：あまねく諸仏に帰命したてまつります。

ご利益 煩悩・恐怖・不安を除き、心の平安を与えてくれる

現世に現れて教えを説いた仏教の開祖

釈迦とは釈迦牟尼《しゃかむに》の略で、サンスクリット語で「シャーキャムニ」といいます。インド北部の小国シャーキャ族の聖者という意味です。シャーキャ国の王子として生まれたシッダールタ・ゴータマ（釈迦）は、その身分を捨てて二十九歳で出家、三十五歳でブッダガヤの菩提樹の下で悟りを開きました。釈迦は実在の人物ですが、真理に目覚めた人すなわち仏陀《ぶっだ》となったので、その尊称としてムニがつけられ、人々から釈迦牟尼と呼ばれるようになりました。八十歳で入滅したと伝えられており、入滅後は崇拝の対象として釈迦如来、釈尊、釈迦牟尼世尊とも呼ばれています。

釈迦像は、釈迦の誕生から入滅までの生涯の場面を釈迦八相という形で表されます。

出家成道後の釈迦如来像は、法衣だけまとい、装身具もつけず、髪も結わない質素な姿をしており、右手は人々の恐怖を取り除き願いを聞き届ける施無畏印、左手は人々に慈悲を与える与願印を結ぶ場合もあります。

釈迦如来は、十方（東西南北の四方と、北東・南東・南西・北西の四隅と、上下の二方向）および三世（前世・現世・未来世）という無限の空間と時間にわたって衆生を救済する仏とされ、絶対的な心の平安である涅槃寂静《ねはんじゃくじょう》の境地をもたらしてくれる存在です。

釈迦如来の真言を唱えることで、心の迷いや煩悩、不安が除かれ、心安らかに過ごすことができるとされます。

薬《やく》師《し》如《にょ》来《らい》

種字：

バイ

真言

オン　コロコロ　センダリ　マトウギ　ソワカ

訳：薬師如来に帰命したてまつります。魔障《ましょう》を除きたまえ　除きたまえ　チャンダリーよ　マータンギーよ　祥福あれ。

ご利益

病に苦しむ人々を救う

人々の病気を治し、苦しみから救うという十二の大願をたてた如来

薬師如来は、サンスクリット語で「バイシャジヤグル」といいます。「医薬の師」という意味から、大医王《だいいおう》、医王善逝《いおうぜんぜい》、医王《いおう》とも呼ばれます。

真言にあるチャンダリーやマータンギーなどの言葉は、インド北方の最下層の先住部族の女性名とされます。未開の種族が信仰した豊穣の女神ともいわれ、禍《わざわ》いを除くその強力な呪力が真言に取り入れられたと考えられています。

薬師如来は、はるか東方の浄瑠璃《じょうるり》世界に住む仏で、薬師瑠璃光如来とも呼ばれます。浄瑠璃世界は、悪道も苦しみもない七宝でできた理想の世界で、その輝きは西方にある阿弥陀如来の住む極楽浄土にも匹敵するとされます。

薬師如来は、この浄瑠璃世界で修行中であった菩薩時代に十二の願いをたてました。中でもすべての人々の病気を治すという第七願がよく知られており、医術の未発達な時代に広く民衆の信仰を集めました。このように、薬師如来は人々が生きている間に現世利益を施してくれる仏といえます。

薬師如来像の平安時代以降のものは、左の手のひらに薬壺《やっこ》をのせ、右手は民衆の恐れを除く印相である施無畏印《せむいいん》を示している姿が特徴となっています。左右に日光菩薩・月光菩薩が脇侍として立つ三尊像や十二神将を従えている場合もあります。

薬師如来のご利益といえば、病気平癒や健康長寿がまず挙げられますが、衣食にも事欠く貧しい人々や、心の苦しみを抱えている人にも功徳を施してくれる仏としても知られています。

阿《あ》弥《み》陀《だ》如《にょ》来《らい》

種字：

キリーク

真言

オン　アミリタ　テイゼイ　カラ　ウン

訳：帰命したてまつります。不死の光のある阿弥陀如来よ（極楽浄土に）お連れください。

ご利益

極楽浄土へ安らかに往生させてくれる

限りない智慧と慈悲で極楽浄土へみちびく如来

阿弥陀如来は、サンスクリット語で「アミターバ」、「アミターユス」という二つの名前を持ち、これを音写して阿弥陀と表します。アミターバの意味は「はかりしれない光明」、すなわち「無量光《むりょうこう》」、アミターユスは「無限の寿命」という意味で、「無量寿《むりょうじゅ》」と訳されます。

はるかむかし、インドのある国王が出家し宝蔵と名のりました。宝蔵は苦行を重ね、自分が悟りを得たら西方に仏国土をつくり、そこですべての衆生を救おうと誓います。そして五劫《ごこう》という天文学的な長い時間考えて四十八の誓願を立て、ついに悟りを得て阿弥陀如来となったとされます。四十八の誓願の中でも特に重要なのが、十八番目の願いです。それは、「南無阿弥陀仏と自分の名を唱えた人をかならず極楽浄土に往生させる、それができなければ自分は仏陀とはならない」、というものです。

日本では、釈尊の死から千年後の平安時代の後半に、救いのない末法の世がはじまるとされ、死んだら地獄に落ちるという末法思想が蔓延します。そこで、念仏さえ唱えれば罪深い者でも極楽浄土に往生できるという阿弥陀信仰が盛んになりました。鎌倉時代には法然の浄土宗や親鸞の浄土真宗が興り、阿弥陀信仰がさらに広まりました。

阿弥陀如来像は基本的に釈迦如来像と同じ姿をしていますが、釈迦像は両手を開き中指を前に出しているのに対し、阿弥陀像は両手で印を結んでいることで見分けられます。

人々を極楽に迎える方法は生前の行ないにより九種ある（往生相《おうじょうそう》）とされ、良い行ないをした人の九品往生《くほんおうじょう》の場合、阿弥陀如来が多くの脇侍を従えて迎えに来てくれるといわれています。

阿《あ》閦《しゅく》如《にょ》来《らい》

種字：

ウン

真言

オン　アキシュビヤ　ウン

訳：帰命したてまつります。怒りを超えた不動の者よ。

ご利益

誘惑や恐れに動じない強い心を得る

怒りや煩悩を克服した不動の如来

阿閦如来は、サンスクリット語の「アクショービヤ」の音写で、無動、不動、無瞋恚《むしんに》などと漢訳されます。無瞋恚とは、憎しみや怒りの状態（瞋恚）を克服して心身が安らかなことです。怒りは、仏道を修める上で三毒の一つに数えられる大きな障害です。

阿閦如来は、阿比羅提《あひらだい》という仏国土で大日如来の教えのもとに修行し、怒りや憎しみ、誘惑を克服して悟りを開いた仏だといわれています。

真言は、長年にわたる功徳を積み、怒りを断じて不動の存在となった阿閦如来をたたえるもので、この真言を唱えることで、怒りや怨みの気持ちが離れていき、心が鎮《しず》まります。

阿閦如来は、密教の金剛界曼荼羅における五智如来の五仏の一尊で、東方に位置しています。大日如来の五つの智慧（五智）を五仏がそれぞれ分担しており、阿閦如来は「大円鏡智《だいえんきょうち》」の智を担当しています。これは、大きな丸い鏡に映る真実のように、すべてを正しく映し出す智慧という意味です。

阿閦如来像は、左手が法衣の端を握り、右手は手の甲を外に向けて下ろし、指先を地面につけて触地印《しょくちいん》を結んでいます。この印相は、釈尊が悟りを開いたとき、右手を地面につけて自分が魔に打ち勝ったことを地の神に知らしめたといわれていることから、降魔印《ごうまいん》とも呼ばれています。

ご利益として、煩悩や怒りに屈しない強い精神力が得られるだけでなく、阿閦如来が薬師如来と同等とされていることから、病気治癒や無病息災などの功徳もあるといわれています。

宝《ほう》生《しょう》如《にょ》来《らい》

種字：

タラーク

真言

オン　アラタンノウ　サンバンバ　タラク

訳：帰命したてまつります。宝を生み出すものよ。

ご利益

財宝をもたらしてくれる

福徳の財宝を生みだす如来

サンスクリット語で「ラトナサンバヴァ」といいます。宝より生まれたものという意味から宝生如来と訳されました。

宝生如来はその名の示すとおり、人々に福徳の財宝をもたらしてくれる仏とされています。

金剛界の五智如来の一尊で、大日如来を中心とした金剛界曼荼羅の南方に配されます。宝生如来が象徴する智は「平等性智《びょうどうしょうち》」です。すべてのことがらは平等であり、一つであることを知る智慧ということです。

宝生如来の姿は、身体を財宝の象徴である黄金の色で描かれることが多く、いっさいの宝飾品も身につけず、蓮の花の台座に座っています。左手を膝の上に置き、右手は下げて手のひらを前に向ける与願印を結ぶ姿が一般的ですが、それ以外の表現もあります。いずれも、大慈悲の心ですべての人の願いを聞き入れ、望みをかなえようとする仏であることを表しています。

宝生如来像は五智如来の五仏の一尊として造られることが多く、宝生如来単独で造像される例はほとんど見られません。

真言を唱えることにより、財宝やあらゆる福徳がもたらされるだけでなく、病気治癒、罪の浄化などの功徳もいただけます。

不《ふ》空《くう》成《じょう》就《じゅ》如《にょ》来《らい》

種字：

アク

真言

オン　アボキャ　シッデイ　アク

訳：帰命したてまつります。空しからず成就させるものよ。

ご利益

ものごとをなしとげる力を与えてくれる

なすべきことを確実に成就させる智慧の如来

不空成就如来は、サンスクリット語で「アモガシッデイ」といいます。アモガとは空しくないこと、つまり確実なこと、充実していることを示し、シッデイは完成、成就を表します。

不空成就如来は、なすべきことを確実になしとげる智慧を授ける仏とされ、真言もそのような不空成就如来の功徳をたたえて信奉するという意味になっています。

不空成就如来は、金剛界曼荼羅の五智如来の一尊で、大日如来を中心にして、その北方に位置し、「成所作智《じょうしょさち》」の智を担当しています。

五智は大日如来の備える五つの智慧を表したもので、「成所作智」とは何事も乗り越えてなすべきことを完成させる智慧のことです。

不空成就如来が単独で造像される例はほとんど見られず、五智如来の五仏の一体として配されます。

その姿は、右手を胸のあたりまで上げて、手のひらを外側に見せる施無畏印の印相を示し、左手は腹部の前で衣の端をつかんでいる姿で表されることが多いようです。

この姿は、施無畏印を結んで衆生の願いを聞き届ける釈迦如来像を思いおこさせますが、密教において、不空成就如来は顕教でいう釈迦如来と同一であるという説が伝えられています。

どうしてもなしとげたい夢や、完成させたいことがらがある人は、願望成就への強い思いをもって不空成就如来の真言を唱えましょう。

宝《ほう》幢《どう》如《にょ》来《らい》

種字：

ア

真言

ノウマク　サンマンダ　ボダナン　ラン　ラク　ソワカ

訳：あまねく諸仏に帰命したてまつります。ラン　ラフ　めでたし。

ご利益

悟りを求める人の煩悩や迷いを退けてくれる

菩提心をはばむあらゆる障害をとり去ってくれる如来

サンスクリット語で「ラトナケートゥ」という。「如意宝珠《にょいほうしゅ》の幢《はた》（旗）を持つ者」という意味から宝幢如来と呼ばれています。如意宝珠は、人々の求めに応じて意のままに宝を取りだす珠のことで、宝珠で飾った旗を宝幢といいます。

宝幢如来の真言は、悟りを求めようとする心（菩提心）を旗印として、その旗によって菩提心を発する心（発心）を助け、菩提心の妨げとなるいっさいの煩悩や迷いの心を退けるという意味が込められています。

宝幢如来は、胎蔵界曼荼羅の胎蔵五仏の一つに数えられます。

胎蔵五仏とは、宝幢如来のほか、開敷華王如来《かいふけおうにょらい》、無量寿如来《むりょうじゅにょらい》、天鼓雷音如来《てんこらいおんにょらい》の四如来と大日如来を合わせた五仏のことです。胎蔵界曼荼羅の中央部「中台八葉院《ちゅうだいはちよういん》」では、中心の大日如来を普賢、文殊、観自在、弥勒の四菩薩が取り囲み、四方に胎蔵五仏が配されます。

五仏の中で、宝幢如来は菩提心を象徴し、発心をはばむあらゆる魔障を払ってくれる仏とされています。宝幢如来の右手は世願印を結んでおり、これは仏道に励みこれを極めようとする人々の思いをすくいあげる、如来の大いなる慈悲のあらわれといえます。金剛界曼荼羅の阿閦如来と同一であるともいわれ、大円境地を象徴して金剛界の東方に配される阿閦如来と同じく、宝幢如来も胎蔵界曼荼羅の東方に位置しています。宝幢如来の真言を唱えることで、仏の大いなる慈悲に包まれ、迷いや妄想にとらわれた弱い心が浄化されていきます。

一《いち》字《じ》金《きん》輪《りん》仏《ぶっ》頂《ちょう》尊《そん》

種字：

ボロン

真言

ノウマク　サンマンダ　ボダナン　オン　ボロン

訳：あまねく諸仏に帰命したてまつります。オン　ブルーン。

ご利益

最強パワーによる守護

ボロンの真言により世界を教化する最勝最尊の仏頂尊

サンスクリット語で「エーカクシャラ　ウシュニーチャクラ」といいます。一字仏頂輪、一字金輪王、一字金輪仏頂とも呼ばれます。一字金輪は仏頂尊の一尊です。仏頂尊とは、仏の頭頂はそれ自体尊いものであるとして頭頂を一つの最尊仏とする教えで、一字金輪はその中でも最勝最尊の仏と考えられています。一字金輪の一字とは、大日如来が最も深い瞑想状態（三昧地）にあるときに説いた種字のボロン（ブルーン）の一字のことで、ボロンを神格化した本尊が一字金輪なのです。

ボロンは、あらゆる仏や菩薩の功徳が集約された真言とされ、その本尊である一字金輪の修法・祈《き》祷《とう》は比類なきパワーを秘めているといわれています。その絶大な効果ゆえにこの修法は未熟な者には許されず、古くから限られた高位の僧のみが行なえたとされます。また、金輪とは、インド神話の地上の支配者である転輪聖王《てんりんじょうおう》が乗る戦車の車輪のことで、それが千幅輪《せんぶくりん》（千本の幅がある最強の車輪）であることから、この真言が最強であることを表しています。

一字金輪の姿として、釈迦金輪と大日金輪の二つがあります。釈迦金輪はいっさいの装身具をつけない如来形をしており、定印を組んだ手の上に輪宝《りんぽう》を持って蓮華座に座っています。輪宝とは、転がって世界を征服する車輪で、転輪聖王の宝の一つとされるものです。大日金輪は金剛界大日如来と同じく智拳印を結び、蓮華座に座っています。

大日金輪を主尊とした曼荼羅を一字金輪曼荼羅といい、この曼荼羅を本尊として行なう修法が大秘法とされる一字金輪法です。強力な功験なので、用いる際は細心の注意が必要とされます。

仏《ぶつ》眼《げん》仏《ぶつ》母《も》

種字：

シリー（またはギャ）

真言

ノウマク　サンマンダ　ボダナン　オン　ボダ　ロシャニ　ソワカ

訳：帰命したてまつります。あまねく諸仏に　オン　仏眼尊よ　めでたし。

ご利益

真理を見抜く智慧が授かる　人間関係が良くなる

如来の真理を見る眼を神格化した仏頂尊

仏眼仏母は仏頂尊の一つで、真理を見つめる仏の眼を神格化した仏尊です。真理を見せることにより、人を仏として生まれ変わらせる存在です。その仏を生み出すという役割から仏母と呼ばれています。

仏眼仏母の姿は、依拠する教典によって、大日如来が姿をかえて現れた化現《けげん》の仏尊、釈迦如来化現の仏尊、金剛薩埵化現の仏尊の三種類の仏眼仏母があるといわれています。さまざまな化現の相があるのは、仏が衆生のあらゆる願いをすくいあげ救済するために、求めに応じ姿をかえて人々の前に現れるという大乗仏教の教えによるものです。

また、仏眼仏母は胎蔵界大日如来が金剛界月輪《げつりん》三昧《ざんまい》（最高の瞑想の境地）に到達した姿ともいわれ、同じく大日如来の深い瞑想状態で説いたとされる一字金輪と同体とされます。

そのため、一字金輪を中心に置いた一字金輪曼荼羅にも、仏を生み出す眼としての仏眼仏母が登場しますし、仏眼仏母の曼荼羅にも必ず一字金輪が描かれます。

仏眼仏母の真言は、仏眼仏母が衆生を開眼させ仏として生まれ変わらせる功徳を施すことから、仏像の開眼式で唱えられています。

偏りのない仏の眼のあらわれである仏眼仏母の真言を唱えることで、仏の功徳により、道に迷える人々にも曇りのない眼が備わり、迷いから脱却し、真理の道に導かれます。くもりやこだわりのない仏のようなおおらかな心で人と接することで、良い人間関係が築けるでしょう。

尊《そん》勝《しょう》仏《ぶつ》頂《ちょう》尊《そん》

種字：

コロン

真言 オン　アミリタ　テイジャパチ　ソワカ

訳：帰命したてまつります。不死の甘露の威光を与えたまえ。

ご利益 生者の災難を除き、死者の魂を救って極楽往生に導く

衆生に幸福をもたらし、死者の魂を救う釈迦如来の最高の仏頂尊

サンスクリット語で「ヴィキラノーシュニーシャ」といいます。さまざまな罪業や障害、煩悩を打ち砕くという意味があります。仏頂尊、仏頂尊勝とも呼ばれます。

真言の「アミリタ」の訳は「不死」のことで、それが転じて、古代インドの不老不死になる神の飲み物（甘露）のことをいいます。

尊勝仏頂尊の仏頂とは、如来の頭頂部の丸い椀状のふくらみのこと。肉髻《にくけい》と呼ばれている部分です。仏頂には仏の尊い智慧が集まっているとされ、その仏智の象徴として仏格化した仏尊が尊勝仏頂尊です。尊勝仏頂は、釈迦如来の仏頂から現れた仏頂尊の中で最勝の仏とされています。

胎蔵界曼荼羅の釈迦院には五仏頂の一尊として祀られており、宝冠をかぶり装身具を身につけた菩薩形で表されます。

尊勝仏頂を本尊として、仏頂尊陀羅尼の真言を唱える尊勝法の修法は霊験あらたかとされ、かつて尊意という僧が、朝廷の命により旱魃《かんばつ》を終わらせるためにこの修法を執り行なったところ、たちまち雨が降り出したという逸話が残っています。

仏頂尊陀羅尼の真言は尊勝仏頂の功徳を説いたもので、これを唱えれば、禍いや罪障からのがれ、末ながい幸福と長寿が得られるとされます。また、死者の魂を苦しみの世界から救い、極楽往生が得られるともいわれ、葬礼の儀式のときによく唱えられます。

菩薩の真言

菩薩とは、サンスクリット語の「ボーディサットヴァ」を音写した「菩《ぼ》提《だい》薩《さつ》埵《た》」を略した言葉で、「如来となる資格を持つ者」、「如来の悟りを求める者」のことです。如来になる資格があるにもかかわらず、あえて菩薩として衆生の救済にあたる存在でもあります。

東南アジアに伝わった上座部仏教においては、菩薩は修行中の釈迦（ゴータマ・シッダールタ）のことを意味します。

大乗仏教では、仏陀を歴史上の釈迦だけに限定せず、釈迦の前世からの物語を発展させて、多くの菩薩が誕生しました。

文《もん》殊《じゅ》菩《ぼ》薩《さつ》

種字：

マン

真言 オン　アラ　ハ　シャ　ノウ

訳：帰命したてまつります。アラ　パ　チャナ（すべての現象は清浄、平等で、無常・無我である）。

ご利益 頭が良くなる

悟りの智慧と賢さの象徴

文殊とは、サンスクリット語の「マンジュシュリー」の音写である「文殊師利《もんじゅしり》」を略した呼び方です。また、妙吉祥菩薩《みょうきっしょうぼさつ》ともいい、妙吉祥、妙徳、妙首などと表すこともあります。文殊菩薩を本尊とする修法の真言には、一字真言、五字真言、六字真言、八字真言があります。五字真言の「オン　アラ　ハ　シャ　ノウ」は代表的な文殊菩薩の真言です。

文殊菩薩は、紀元前一世紀頃にインドのコーサラ国の首都・舎衛国《しゃえこく》に生まれたバラモンの子弟で、実在の人物がモデルになっているという説があります。仏教の経典を編集する仏典結集にも関わり、特に般若教典との関係が深いとされ、仏陀の弟子の中で最も賢かったといわれています。

文殊菩薩は悟りに至る智慧の守護仏として、学業の向上や受験の合格にご利益があるとされ、広く信仰されています。「三人寄れば文殊の智慧」という言葉も、この文殊菩薩の智慧にあやかったことわざです。

一般的に学問などの智慧をつかさどる仏として虚空蔵菩薩も有名ですが、文殊菩薩は物事のあり方を見きわめる叡智や判断力など、悟りの智慧を象徴する菩薩としてご利益があるとされます。

文殊菩薩像は、釈迦如来の左脇侍として普賢菩薩とともに三尊の形で配されることが多いのですが、独尊で祀られることもあります。通常、左手に剣、右手に経巻を持ち、獅子の台座に載った蓮華座の上に座る姿で描かれ、頭部には大日如来の五つの智慧を象徴する五智宝冠を置いています。

普《ふ》賢《げん》菩《ぼ》薩《さつ》

種字：

アン

真言

オン　サンマヤ　サトバン

訳：帰命したてまつります。汝は三《さん》昧耶《まや》なり。

ご利益

女性を守護する

この世界のあらゆる場所に現れ仏の慈悲で人々を救う

サンスクリット語で「サマンタ　バドラ」といいます。サマンタは「普《あまね》く」、バドラは「最も賢い」という意味で、「普賢」と訳されます。遍吉《へんきち》菩薩《ぼさつ》と呼ばれることもあります。世界のどこにでも現れ、その賢い智慧と慈悲で人々を苦しみから救い出してくれる仏です。悟りの智慧を象徴する文殊菩薩に対し、悟りのための修行という実践面をつかさどる菩薩といえます。

和訳の三昧耶は、請願、行為、教理などの意味があり、全体として、「汝は衆生を救済するとの請願をたてた者である」と解釈されます。

密教では、普賢菩薩は不動の菩薩心を象徴する金剛《こんごう》薩埵《さった》と同体異名とされ、胎蔵界曼荼羅では中台八葉院に、金剛界曼荼羅では理趣会《りしゅえ》に位置しています。釈迦如来の右脇侍として文殊菩薩とともに釈迦三尊の形式で配されるだけでなく、独尊として祀られることもあります。

女人救済が説かれる『法華経』に普賢菩薩が登場することから、普賢菩薩は女性の守護尊として広く女性たちの信仰を集めてきました。慈悲の心で女性を守護し、修行する者の息災、増福をもたらしてくれるご利益があるとされます。

普賢菩薩の姿は女性的な風貌で、六つの牙を持つ白象の背に結跏趺坐《けっかふざ》し合掌している姿が一般的です。象は大いなる力の象徴で、白象の六牙は、布施《ふせ》・持戒《じかい》・忍辱《にんにく》・精進《しょうじん》・禅定《ぜんじょう》・智慧という悟りに至るための六つの行ない（六波羅蜜《ろくはらみつ》）を表しているとされます。

普《ふ》賢《げん》延《えん》命《めい》菩《ぼ》薩《さつ》

種字：

ユク

真言

オン　バザラ　ユセイ　ソワカ

訳：帰命したてまつります。金剛寿命尊よ　スヴァーハー。

ご利益

延命　息災　長寿

普賢菩薩に延命を祈る際の本尊

普賢菩薩は、一切衆生の延命・幸福をもたらす功徳があると信じられてきました。

普賢菩薩の功徳の中でも、延命・息災・長寿を祈願するときは、普賢延命法の修法を行ないます。その際の本尊は普賢延命菩薩となります。

普賢延命菩薩は、その延命の功徳が最高であることにより、別名・大安楽不空真実金剛《だいあんらくふくうしんじつこんごう》と呼ばれることもあります。

普賢延命菩薩の像は、真言系の二十臂《にじゅうひ》像と、天台系の二臂《にひ》像があります。一頭から二十頭の象の上の蓮華座に普賢延命菩薩が座し、二本（二臂）から二十本（二十臂）の手があります。

通常二臂像の場合は、右手に五鈷杵《ごこしょ》を握り、左手には五鈷鈴《いこれい》を持っています。

普賢菩薩も普賢延命菩薩も象の背に乗っています。見分け方は、一つの頭の白象に乗っている姿は普賢菩薩で、三つや四つの頭を持つ象に乗っている姿は普賢延命菩薩であるのが一般的です。

地《じ》蔵《ぞう》菩《ぼ》薩《さつ》

種字：

カ

真言 オン　カカカ　ビサンマエイ　ソワカ

訳：帰命したてまつります。ハハハ　稀有《けう》なるお方よ　スヴァーハー。

ご利益 子供を守る　先祖供養

大いなる慈悲で人々の苦難を身代わりになって救う菩薩

サンスクリット語で「クシティガルバ」といいます。クシティは大地、ガルバは胎内とか子宮を意味するので、合わせて「地蔵」と意訳されます。大地が命を生み出し育むように、大いなる慈悲の心で人々を救うとされる菩薩です。

真言のカカカというのは、恐ろしいほどの大笑いの声を表しています。

地蔵菩薩は、釈迦の入滅後から弥勒菩薩がこの世に現れるまでの無仏の期間に、六道世界で苦しむ衆生を救済する役割を担っています。六道とは、地獄道《じごくどう》・餓鬼道《がきどう》・畜生道《ちくしょうどう》・修羅道《しゅらどう》・人道・天道のことで、人が生前の業の報いとして死後おもむく場所です。そのため、墓地の入り口には、六道で輪廻する死者の魂をなぐさめるために六体の地蔵菩薩が配されているところがあります。

地蔵菩薩は、インドでは占星術である星宿《せいしゅく》の神として信仰されていましたが、仏教が日本に伝わった後、平安末期に末法思想が広まるにつれて、地蔵による救済を求めて地蔵信仰が広まりました。いまでも、地蔵菩薩は「お地蔵さん」という呼称で親しまれています。地蔵菩薩のご利益は、無病息災、先祖供養、交通安全など多岐にわたって人々を救うものです。特に子供を守り、幼くして死んだ子供の魂を救済すると信じられており、日本各地に子育地蔵や子守地蔵の像が見られます。

地蔵菩薩は剃髪《ていはつ》した僧侶の姿をしていることが多く、袈裟を身にまとい、左手に如意宝珠《にょいほうじゅ》を、右手に錫杖《しゃくじょう》を持つか、または与願印《よがんいん》を結ぶ形をとるのが一般的です。密教では、髪を結い上げ装身具をまとった菩薩形で表されます。

弥《み》勒《ろく》菩《ぼ》薩《さつ》

種字：

ユ

真言 オン　マイタレイヤ　ソワカ

訳：帰命したてまつります。慈愛から生じる者よ　スヴァーハー。

ご利益 慈愛に満ちた安らかなる心で人々を救う

釈迦入滅後の五十六億七千万年後の未来に現れ人々を救う菩薩

サンスクリット語で慈しみを意味する「マイトレーヤ」といい、日本では弥勒と音写されます。現世で悟りを開き仏陀となった釈迦牟尼仏が現在仏であるのに対し、弥勒は釈迦の次に仏陀となることが約束されている未来仏です。

中国の伝承では、釈迦の入滅後五十六億七千万年後にこの世に現れ、悟りを開き人々を救済してくれるといわれています。それまでの間、弥勒菩薩は兜率天《とそつてん》という天上界の一つに住んで説法を行なっているとされ、この弥勒菩薩のいる兜率天に往生して、弥勒菩薩とともに修行して生まれかわりたいと願う上生《じょうしょう》信仰が奈良・平安時代に盛んになりました。

その一方で、弥勒菩薩の出現（下生《げしょう》）は何十億年もの未来ではなく今のことだから、それにあわせて現世を変革しなければならないとする下生信仰が生まれました。そうした思想が、中国の白蓮教や日本の戦国時代にはやった弥勒信仰などの終末論や反体制的な運動に影響を与えたともいわれています。

弥勒菩薩の像としては、左足を下に垂らして右手を頰に軽くあてた半跏思惟像《はんかしいぞう》が有名です。

その姿勢の意味は、弥勒菩薩が兜率天で、どのように人々を救おうかと思いをめぐらせている姿だといわれています。

勢《せい》至《し》菩《ぼ》薩《さつ》

種字：

サク

真言

オン　サン　ザン　ザン　サク　ソワカ

訳：帰命したてまつります。サン　ジャン　ジャン　サク　スヴァーハー。

ご利益

迷いが晴れ正しい道に導かれる

大いなる智慧の力で命あるものすべてを救う菩薩

サンスクリット語で「マハー　スターマ　プラープタ」といい、「偉大な勢力を得た者」という意味があります。大勢至・得大勢・大精進などとも呼ばれます。

勢至菩薩は、智慧の光によりあらゆるものを照らし、人々を救済するといわれています。智慧とは、物事を正しく判断し真理を見きわめる力のことです。勢至菩薩の真言は、全体的に種字と象徴的字音からなっており、訳出は難しいとされています。意味の理解を超えてこの真言を無心に唱えることで、さまざまな迷いや苦しみから救われ、無上の力を得て正しい行ないに導かれることでしょう。

浄土系の経典『無量寿経《むりょうじゅきょう》』などによれば、勢至菩薩は阿弥陀三尊の一尊として、阿弥陀如来の脇侍として観自在菩薩（観音菩薩）と共に人々を浄土に迎えると説かれています。そのため三尊で並ぶことが一般的です。阿弥陀如来の右側の脇侍として勢至菩薩、左脇侍に観自在菩薩が位置します。勢至菩薩と観自在菩薩の姿はよく似ていますが、二尊の見分け方として、観自在菩薩は宝冠の前面に阿弥陀如来の像（化仏）をつけており、勢至菩薩は水瓶をつけているという違いがあります。

また、浄土信仰の高まりによって、阿弥陀如来が人々を浄土に迎える来迎図が盛んに描かれましたが、その場合は観自在菩薩が往生者である死者の霊を載せる蓮台を持ち、勢至菩薩は合掌する姿で描かれます。勢至菩薩は、密教の『薬師《やくし》如来《にょらい》本願《ほんがん》功徳経《くどくきょう》』によると八大菩薩の一つとされ、『大日経』では観音部の中に含まれています。勢至菩薩は、阿弥陀三尊の一つとして祀られることがほとんどで、独尊として信仰の対象となる例はあまり見られません。

観《かん》自《じ》在《ざい》菩《ぼ》薩《さつ》

種字：

サ

真言

オン　アロリキャ　ソワカ

訳：帰命したてまつります。泥土から生まれた者よ　スヴァーハー。

ご利益

苦難をとり除き、幸福をもたらす

苦しみの声を自在に観《かん》じとり、救いの手をさし伸べる菩薩

サンスクリット語で「アーリヤ　アヴァローキテーシュヴァラ」といい、意味は「観《み》ることが自在である者」、そこから観自在と訳されます。観世音、観音とも呼ばれます。また聖観音《しょうかんのん》と称されることもあります。

観自在菩薩とは、人々の苦しみや悲しみ、願いを観じることが自在であり、救いを求める声を聞き取り、救う相手に応じて自在に姿を変え、ただちに救済の手をさし伸べるといわれています。法華経の『観世音菩薩普門品《ふもんぼん》』には、観自在菩薩は三十三に姿に変えて現れ、人々を救うと説かれており、西国三十三観音などの三十三の数はこの説にもとづいています。真言の訳に「泥土より生まれた者よ」とあるのは、アロリキャ（サンスクリット語のアーローリク）が泥土より生まれた者という意味からきています。これは泥土の中から蓮華の花が清らかに美しく咲くさまをたたえたもので、蓮華は智慧と慈悲の象徴とされます。菩薩像にはさまざまな形のものがあり、十一面観音、千手観音、如意輪観音などのように、多くの顔や手を持つ多面多臂《ためんたひ》の超人的な姿をとった変化《へんげ》観音と、人間の姿に近い一面二臂《いちめんにひ》の観音像があります。一般に一面二臂の姿で、独尊として祀られる場合は聖観音と称されますが、百済観音、救世観音、夢違《ゆめたがえ》観音などは、聖観音ではなく観音菩薩と呼ばれています。

密教では、聖観音、十一面観音、馬頭観音、如意輪《にょいりん》観音、千手観音、准胝《じゅんてい》観音（または不空羂索《ふくうけんじゃく》観音）を六観音として信仰を集めています。観自在菩薩は、勢至菩薩とともに阿弥陀如来の脇侍として、阿弥陀三尊として安置される例がよく見られます。

日《にっ》光《こう》菩《ぼ》薩《さつ》

種字：アン

真言

オン　ソリヤ　ハラバヤ　ソワカ

訳：帰命したてまつります。太陽の光のように輝かしい者よ　スヴァーハー。

ご利益

健康長寿

太陽の光のごとく天下を照らし、人々を苦しみから救済する

サンスクリット語で「スールヤプラバ」といいます。スールヤは「太陽」、プラバは「光のように輝かしい」という意味になります。日光遍照菩薩、日光普照菩薩と呼ばれることもあります。

日光菩薩は、千の光明を放って世の中を照らし出し、苦しみの根源である闇を消滅させる存在です。いわば太陽の光の象徴であり、月の光の象徴である月光菩薩とともに分担して、昼夜を分かたず二十四時間人々を見守り救済するといわれています。

日光菩薩は薬師如来の左脇侍として位置し、右脇侍に月光菩薩が配され、薬師三尊を構成します。造形上も、薬師如来を中央に日光菩薩と月光菩薩が対になるように表現されます。

日光菩薩が右手を上げて左手を下げる場合、月光菩薩は左手を上げて右手を下げるというように、左右のポーズのバランスがはかられ、上げた方の手の親指と人差し指で輪をつくる形をとるのが一般的です。

また、宝冠にそれぞれ太陽と月を示す標幟《ひょうじ》をつけたり、持物として手に日輪と月輪を持つ場合があります。

日光菩薩と月光菩薩の見分け方としては、薬師如来の左右どちらに配置されているかでほぼ分かりますが、顔の造形が日光菩薩の方がわずかに女性的で、月光菩薩が男性的であるという説もあります。

月《がっ》光《こう》菩《ぼ》薩《さつ》

種字：

シャ

真言 オン　センダラ　ハラバヤ　ソワカ

訳：帰命したてまつります。月の光のように輝ける者よ　スヴァーハー。

ご利益 煩悩を消し去り、苦しみから救う

月の光のような優しい慈しみの心で人々を救う

サンスクリット語で「チャンドラプラバ」といいます。「月の光のように輝かしい者」という意味です。

月光菩薩は、薬師如来の仏国土である薬師《やくし》瑠璃《るり》光浄土《こうじょうど》に日光菩薩とともに住むとされ、薬師如来の教えを守り、その功徳が世にもたらされるようにと願って、日光菩薩と交代で昼夜を通して人々を救っています。

月光菩薩のご利益は、その名の示す通り、月の光のおだやかな輝きのような慈愛に満ちた心で人々の煩悩を照らし出し、苦しみを消滅し、救ってくれるというものです。

月光菩薩は薬師如来の脇侍として日光菩薩と三尊で配置されることが多く、月光菩薩が単独で信仰の対象となることはほとんどありません。

月光菩薩は薬師如来の右脇侍を務め、左脇侍を務める日光菩薩と一対を形成します。月光菩薩は、月輪を載せた蓮華茎を持つ姿で表されることが多いようです。

すぐれた仏像の作例として、奈良の東大寺法華堂の日光仏・月光仏立像、薬師寺金堂の薬師三尊像の脇侍立像などがよく知られています。

虚《こ》空《くう》蔵《ぞう》菩《ぼ》薩《さつ》

種字：

タラーク

真言

オン　バザラ　アラタンノウ　オン　タラク　ソワカ

訳：帰命したてまつります。金剛宝《こんごうほう》を持つ者よ。

ご利益

成績が良くなる　記憶力向上

無限の智慧と福徳を蔵し、その力で人々を救う

虚空蔵は、サンスクリット語の「アーカーシャガルバ」の漢訳です。虚空の母胎、という意味です。宇宙のような広大無辺の虚空の蔵にある、無尽蔵の智慧と福徳の心で人々の願いを聞き届け、幸福を授けてくれる菩薩です。特に、智慧と記憶力を高めてくれるというご利益が古くから知られており、広く信仰を集めてきました。

虚空蔵菩薩は、宝生如来《ほうしょうにょらい》と同体とされています。金剛界曼荼羅では、南の宝生如来の周囲に配される四親近菩薩《ししんごんぼさつ》の筆頭として金剛宝菩薩《こんごうほうぼさつ》の姿で現れます。胎蔵界曼荼羅では虚空蔵院の主尊です。真言は、福徳の宝をもたらす金剛宝菩薩に帰命する、という意味となります。タラークは虚空蔵菩薩の種字ですが、宝生如来の種字でもあります。

虚空蔵菩薩像の特徴は、頭に五智宝冠《ごちほうかん》を戴《いただ》き、左手に如意宝珠《にょいほうじゅ》を載せた蓮華《れんげ》を持ち、右手に智慧の象徴である宝剣を持っている姿が一般的ですが、別の形をとることもあります。如意宝珠とは人々の願いをかなえるための珠です。

密教の修法「虚空蔵求聞持法《こくうぞうぐもんじほう》」は、空海や日蓮が行なったことでも知られている命がけの荒行です。これは、虚空蔵菩薩根本最勝心陀羅尼《こくうぞうぼさつこんぽんさいしょうしんだらに》の真言を、正しい作法により百日の間に百万回唱えると、あらゆる経典を記憶できて忘れる事がなくなるとされるものです。

「虚空蔵求聞持法」の本尊として虚空蔵菩薩が単独で祀られるときは、左手に蓮華を持ち、その上に宝珠を載せて蓮華座に座り、右手は与願印《よがんいん》を結んだ姿になります。

大《だい》随《ずい》求《ぐ》菩《ぼ》薩《さつ》

種字：

プラ（ハラ）

真言

オン　バラバラ　サンバラ　サンバラ　インダリヤ
ビシュダネイ　ウン　ウン　ロロ　シャレイ　ソワカ

訳：帰命したてまつります。もたらせ　もたらせ　調達せよ　調達せよ　五根の清浄なる者よ。
フーン　フーン　ルル　よく行くものよ　スヴァーハー。

ご利益

子授け　災難除け

人々の求めに応じて、その願いを自在にかなえてくれる菩薩

大随求菩薩はサンスクリット語で「プラティサーラ」といいます。多くの真言護符を持つ者、という意味です。あらゆる人々の求めに応じて願望をかなえてくれる菩薩であるといわれています。

大随求菩薩の真言は随求陀羅尼《ずいぐだらに》といい、この真言を唱えたり、書写して身につければ息災・滅罪などの功徳があるといわれています。特に子供を授かりたいという願いに、霊験あらたかであるといわれ、平安時代以降に信仰を集めました。

京都の清水寺には随求堂があり、大随求菩薩を秘仏として祀っています。お堂の地下へと続く階段を下りて、暗闇の中を大きな数珠をたよりに壁に沿って歩いていくと、大随求菩薩の種字であるプラ（ハラ）という梵字が刻まれた石（随求石）に行き着きます。それを回して祈るとご利益があるとされ、この体験は「胎内めぐり」と呼ばれています。

『大随求陀羅尼経』によれば、大随求菩薩の教令輪身《きょうりょうりんしん》を無能勝明王《むのうしょうみょうおう》とすることから、大随求明王と称されることもあります。教令輪身とは、導き難い衆生を教え諭すために、仏が忿怒形《ふんぬぎょう》の明王に姿を変えることをいいます。

大随求菩薩像は穏やかな慈悲深い表情をしており、一般に持物としては右手に三叉鈎《さんさこう》、蛇索《じゃさく》、金剛杵《こんごうしょ》、随求印を結び、左手に三叉戟《さんさげき》、蓮華台の法輪、梵篋《ぼんきょう》、幢幡《どうばん》を持って蓮華座に座っているのが特徴ですが、造像の例はあまり見られません。

般《はん》若《にゃ》菩《ぼ》薩《さつ》

種字：

ヂク

真言 オン　ヂク　シュリ　シュロタ　ビシャエイ　ソワカ

訳：帰命したてまつります。　ディーヒ　吉祥なる般若聖典を獲得する者よ　スヴァーハー。

ご利益 悟りを開く　智慧や判断力を得る

般若心経の本尊として智慧を育む菩薩

般若菩薩はサンスクリット語で「プラジュニャーパーラミター」といい、般若波羅蜜多と音訳されます。大般若菩薩、般若波羅蜜多菩薩ともいわれます。

般若菩薩は般若波羅蜜多経典を尊格化した菩薩です。般若とは、すべての事物や道理を明らかにする真実の智慧のことで、般若菩薩は悟りを開いて得られた智慧を体現する仏です。

プラジュニャーは女性名詞であることから般若菩薩は女性尊と考えられ、般若はすべての仏を生じることから般若仏母とも称されます。

般若菩薩は大智をつかさどる重要な存在ですが、仏像として表現されることはなく、密教の胎蔵界曼荼羅にのみ登場します。

その姿は、頭に大日如来の五つの智慧を表す五智宝冠《ごちほうかん》をかぶり、右手に三鈷《さんこ》、左手に梵篋《ぼんきょう》を載せた開敷蓮華《かいふれんげ》を持っています。三つの眼を持ち、六臂あるいは二臂の姿で描かれています。

般若菩薩の種字であるヂクは般若智を表します。般若菩薩の真言を一心に唱え、種字のヂクを書写するなどして身につけることで、迷いや煩悩が晴れて判断力や智慧が備わるとされます。

金《こん》剛《ごう》薩《さつ》埵《た》菩《ぼ》薩《さつ》

種字：

アク

真言

オン　バザラサトバ　アク

訳：オーン　金剛薩埵よ　アーハ。

ご利益

悟りを求める心を強い力で守ってくれる

大日如来の秘密の教えを最も理解する菩薩

サンスクリット語で「ヴァジュラ　サットヴァ」といいます。バジュラは金剛とか固いという意味で、サットヴァは薩埵と音写して、金剛薩埵と呼びます。秘密主、執金剛《しゅうこんごう》という別名もあります。

大日如来が金剛薩埵に秘密の教えを最初に伝えて、それを金剛薩埵が大日経にまとめ、のちに密教の開祖とされる龍猛《りゅうみょう》（龍樹）に授けたという言い伝えから、金剛薩埵は密教付法《みっきょうふほう》の第二祖とされます。

また秘密の教えを最も理解して大日如来から灌頂《かんじょう》を授かり、金剛杵《こんごうしょ》を受けたということから、金剛《こんごう》手秘密主《しゅひみつしゅ》とも呼ばれています。

金剛薩埵菩薩は、最強の金剛杵で煩悩や魔を打ち砕き仏教を守護するとされ、これ以上ない堅固な菩提心（悟りを求める心）を持つ者として、菩提心の象徴となる仏です。

その姿は、装身具を身につけた大日如来と同じ姿の如来形で現される場合と、菩薩形の形像も見られます。右手に金剛杵の五鈷杵《ごこしょ》、左手に五鈷鈴《ごこれい》を持っています。

金剛薩埵菩薩は執金剛とも呼ばれます。これは執金剛神のことで、激しい忿怒《ふんぬ》の表情をして右手に金剛杵を持ち甲冑をつけた姿で描かれ、仏教を守護する役目を果たしています。執金剛神は時代を経て、仁王《におう》と呼ばれる阿形像《あぎょう》と吽形像《うんぎょう》の二体を一対とする金剛力士になりました。

今でも各地の寺院で山門を護って安置されており、日本人になじみ深い仏となっています。

金剛力士は、密教に取り入れられて金剛薩埵となり、大日如来に次ぐ高い尊格の仏へと昇格しましたが、顕教においてはそのような尊格の変遷はみられません。

転《てん》法《ほう》輪《りん》菩《ぼ》薩《さつ》

種字：

ウン（ウーン）

真言

オン　バザラ　シャキャラ　ウン　ジャク　ウン　バン　コク

訳：帰命したてまつります。金剛輪よ　フーン　ジャハ　フーン　バン　ホーホ。

ご利益

悟りが開ける　迷いが消える

法輪により人々の迷いを砕き仏法を説く菩薩

転法輪菩薩は、正式には纔発心転法輪菩薩《さいはっしんてんぼうりんぼさつ》と呼ばれます。纔発心とは、わずかに発心するという意味で、仏の教えにしたがい悟りを求めようとする者がいれば、ただちに手をさし伸べる菩薩であることを示しています。

転法輪菩薩は、密教の根本経典である『金剛頂経《こんごうちょうきょう》』や『理趣経《りしゅきょう》』に登場する八大菩薩の一尊です。八大菩薩とは、転法輪菩薩、金剛手菩薩《こんごうしゅぼさつ》、観世音菩薩、文殊師利童真菩薩《もんじゅしりどうしんぼさつ》、虚空蔵菩薩《こくうぞうぼさつ》、金剛拳菩薩《こんごうけんぼさつ》、虚空庫菩薩《こくうこぼさつ》、摧一切魔力菩薩《さいいっさいまりょくぼさつ》の八尊のことをいいます。弥勒菩薩《みろくぼさつ》、金剛波羅蜜多菩薩《こんごうはらみったぼさつ》と同体であるともいわれています。曼荼羅菩薩と呼ばれることもあり、修行者が曼荼羅を観想するときに、この真言の功徳により曼荼羅の諸仏がすべてきちんと観想できるようにと祈願します。

古代インドの神話の英雄である転輪聖王《てんりんじょうおう》の戦車の輪のことを法輪といいますが、転法輪とは法輪を転じて広めるということです。転輪王がその武器で敵を降伏させたことになぞらえて、仏陀の説法により煩悩を打ち砕き、人々の間に広まっていくことを表しています。釈尊が成道の後、五人の比丘に初めて説法したことを初転法輪といいます。

転法輪菩薩は、蓮華台の火焔形法輪《かえんぎょうほうりん》、三鈷《さんこ》の金剛杵《こんごうしょ》を持ち、蓮華座の上に吉祥座で座る姿で描かれます。また、この菩薩には密教諸法の護持を担う十六大護《じゅうろくだいご》と呼ばれる眷属《けんぞく》が従います。

持《じ》世《せ》菩《ぼ》薩《さつ》

種字：

ダ

真言 オン バソ ダレイ ソワカ

訳：帰命したてまつります。財宝を持つ者よ　スヴァーハー。

ご利益 財宝に満たされて幸福になれる

財宝をもたらしこの世を安泰に維持してくれる菩薩

持世菩薩は、サンスクリット語で「ヴァスダーラー」といいます。「財宝を持てる者」という意味です。

財宝の雨を降らせて、この世の平和と幸福を持続させることから持世菩薩と訳されます。『雨宝陀羅尼経《うほうだらにきょう》』によれば、持世菩薩の真言を唱えると、貧しさから抜け出すことができ、財宝が家の中を満たすようになるといわれています。

持世菩薩は富と平和と繁栄を象徴する菩薩であり、そのご利益を求めて古来より多くの信仰を集めてきました。

持世菩薩の像は二臂《にひ》で、顔に微笑みを浮かべ、右手に魔障を除くとされる吉祥果《きちじょうか》のざくろを載せ、左手は施無畏印《せむいいん》を結び、蓮華座上に結跏趺坐《けっかふざ》で座る姿で描かれます。

薬《やく》王《おう》菩《ぼ》薩《さつ》

種字：

バイ

真言

オン　バイセイジャ　アランジャヤヤ　ソワカ

訳：帰命したてまつります。医薬の王に　スヴァーハー。

ご利益

心と体の病気を治してくれる

すべての人に良薬を施して病苦から救う菩薩

薬王菩薩は、サンスクリット語で「バイシャジャラージャ」といいます。釈迦如来の脇侍であり、薬師八大菩薩の一尊に数えられます。

薬師八大菩薩とは、観世音菩薩《かんぜおんぼさつ》、弥勒菩薩《みろくぼさつ》、文殊師利菩薩《もんじゅしりぼさつ》、得大勢至菩薩《とくだいせいしぼさつ》、無盡意菩薩《むじんいぼさつ》、宝檀華菩《ほうだんかぼ》薩《さつ》、薬王菩薩、薬上菩薩の八尊のことです。

薬王菩薩には薬上菩薩という弟がいます。兄弟はその昔、兄が星宿光《しょくしゅくこう》、弟が電光明《でんこうみょう》という名の長者でした。あるとき二人は共に日蔵比丘の説教を聞いて感動します。そして、もろもろの良薬を日蔵比丘や衆生に差し出して大菩提心をおこし、すべての衆生に良薬を与えて病気を治すという誓いをたてます。そして功徳を積み菩薩となったということです。

釈迦如来は、二人は未来世で成仏し、浄眼・浄蔵という如来になるであろうと、弥勒菩薩に伝えたといわれています。

薬王菩薩は阿弥陀如来の二十五菩薩の一尊でもあります。

薬王菩薩像は、薬師八大菩薩の一尊として配されることもあり、釈迦如来の脇侍として薬上菩薩とともに祀られる場合もあります。

尊像は一般に右手に薬草を持ち、左手を腰にあてた姿で描かれます。薬壺を持つこともあります。

除《じょ》悪《あく》趣《しゅ》菩《ぼ》薩《さつ》

種字：

ドボウ（ダバン）

真言

ノウマク　サンマンダ　ボダナン　ドボウシャナン
アビュダランジ　サトバトン　ソワカ

訳：あまねく諸仏に帰命したてまつります。悪趣を破壊せる者に　救いたまえ　スヴァーハー。

ご利益

悪行の報いで死後に行く苦しみの世界から救い出してくれる

三悪趣を滅して、正しい善の道へと救済する菩薩

サンスクリット語で「アパージャハ」といい、「悪趣を離れる者」という意味となります。滅悪趣菩薩《めつあくしゅぼさつ》、除一切悪趣菩薩《じょいっさいあくしゅぼさつ》、破悪趣菩薩《はあくしゅぼさつ》とも呼ばれます。

真言のドボウシャナンは破滅せる者という意味で、種字はドボウとなります。

除悪趣菩薩は、三悪趣を滅する菩薩です。三悪趣とは地獄道・餓鬼道・畜生道のことで、人が生前に行なった悪行の結果、死後に赴くといわれている苦しみの世界です。六道の下層にある三悪趣に対して、上位の三つは、修羅《しゅら》・人間・天上の三善趣《さんぜんしゅ》と呼ばれます。

除悪趣菩薩は、人々が三悪趣に陥ることのないように、悪趣を滅ぼし正しい善の道に導くことを誓った菩薩です。大随求菩薩《だいずいくぼさつ》と同様、死後の霊魂が悪趣に落ちないように、塔婆の裏に除悪趣菩薩の真言が書かれることが多いようです。

密教において仏を象徴する持物を三昧耶形《さんまやぎょう》とか三形《さんぎょう》といいますが、除悪趣菩薩の三昧耶形は、梵《ぼん》篋《きょう》・樹枝・三鈷杵《さんこしょ》とされています。

妙《みょう》見《けん》菩《ぼ》薩《さつ》

種字：

ス（ソ）

真言 オン　ソジリシュタ　ソワカ

訳：帰命したてまつります。妙見菩薩よ　スヴァーハー。

ご利益 眼病が治る　開運

北極星を尊格化した星の中の最高尊

妙見菩薩は、北辰《ほくしん》尊星《そんしょう》妙見《みょうけん》大《だい》菩薩《ぼさつ》、妙見尊星王《みょうけんそんしょうおう》ともいい、北極星（北辰）を神格化した星の中の王とされます。星祭の本尊でもあります。

インドに生まれた菩薩信仰が中国に渡り、道教の宿曜道《すくようどう》の中心星である北極星の信仰と結びついて、妙見菩薩と呼ばれるようになったといわれています。

日本でも平安時代から信仰されて、鳥羽法皇の眼病平癒《がんびょうへいゆ》のために妙見法が行なわれたと伝えられています。武士の間では北斗七星の霊験により戦に負けなくなるとされ、妙見信仰が広がりました。源頼朝の霊験話も残っています。

妙見とは、「優れた視力」という意味で、妙見菩薩は、卓越した視力でいっさいの事物の善悪をよく見通し、記録するとされ、国土の守護神ともいわれています。妙見は菩薩とされていますが、実質は天部に属しています。

妙見菩薩のご利益は、国土を護り、長寿、厄除け、開運などのほか、特に眼病平癒《がんびょうへいゆ》でよく知られています。

妙見菩薩の姿は二臂像《にひぞう》、四臂像《しひぞう》などがあります。三昧耶形《さんまやぎょう》は、星、如意宝珠《にょいほうじゅ》となります。

五《ご》秘《ひ》密《みつ》菩《ぼ》薩《さつ》

種字：

サトバン

真言

オン　マカソギャ　バザラサトバ　ジャク　ウン　バン
コク　ソラタストバン

訳：帰命したてまつります。大楽なる金剛薩埵《こんごうさった》よ　ジャハ　フーン　ヴァン　ホーホ　汝妙適《みょうてき》なり。

ご利益

愛を生じさせ、愛を得る

煩悩即菩提《ぼんのうそくぼだい》を象徴して人々を教化する菩薩

五秘密菩薩は、密教における五秘密曼荼羅の本尊です。

菩提心のあらわれである金剛薩埵は、欲・触・愛・慢の四煩悩を打ち破り、それぞれを金剛菩薩とし、金剛薩埵菩薩を中心に周囲に四菩薩を配して五秘密曼荼羅をつくりました。

その総体が五秘密菩薩であり、滅罪のために、五秘密菩薩を中尊とした修法を行なうことを五秘密法と呼びます。

欲望をいだき、それに触れ、執着し（愛）、慢心するという欲・触・愛・慢の四煩悩は、そのまま清浄な悟りを求める心（菩提心）に通じるもので、両者は本来別ではないと考えるのが『理趣経《りしゅきょう》』の教えです。すなわち煩悩即菩提の奥義を示しているのです。

五秘密菩薩の種字のサトバンは、サトが金剛薩埵の略で、バンは大日如来の種字です。入我我入《にゅうががにゅう》（仏を我に入れ我を仏に入れる）の意味となります。

真言の「ジャク　ウン　バン　コク」は四摂菩薩《ししょうぼさつ》の種字で、上から金剛鈎《こんごうこう》・金剛索《こんごうさく》・金剛鏁《こんごうそう》・金剛鈴《こんごうれい》の四菩薩のこと。これは魚を釣る際に鈎《かぎ》を使い、索《つな》で引き寄せ、鏁《くさり》で引き留め、歓喜して鈴を鳴らすのと同じように、菩薩が衆生に教えを広め摂《おさ》める過程を象徴しています。

五秘密菩薩の真言は、相互に慈愛の心を生じさせるために修める「敬愛法」という修法に用いられます。互いに愛を生じさせたい、愛を獲得したいと願う人にご利益がもたらされます。

千《せん》手《じゅ》観《かん》音《のん》菩《ぼ》薩《さつ》

種字：

キリーク

真言

オン　バザラ　タラマ　キリク　ソワカ

訳：金剛《こんごう》法《ほう》菩《ぼ》薩《さつ》に帰命したてまつります。フリーヒ（キリーク）　スヴァーハー。

ご利益

あらゆる苦しみから救ってくれる

千の眼と千の手であまねく人々を救う菩薩

サンスクリット語で「サハスラブジャ　アバローキテシュバラ」といいます。サハスラブジャとは「千の」という意味です。千手観音は聖観音が変化した観音のひとつで、千手千眼観音《せんじゅせんげんかんのん》、千眼千臂観音《せんがんせんぴかんのん》、大悲観音《だいひかんのん》と呼ばれることもあります。

真言の「バザラ　タラマ」とは、千手観音と同体とされる金剛法菩薩の呼称。金剛のように最強の徳を備えた金剛法菩薩に帰命するという意味になります。フリーヒ（キリーク）は阿弥陀如来の種字であり、阿弥陀如来と同体とされる千手観音菩薩の種字もキリークとなります。

千手の千という数は、無数であることの象徴であり、すべての人々の願いをもらさず聞いて、あらゆる苦しみから救い取ろうとする千手観音の慈悲の心を表しています。千手観音の千の手のひらにはそれぞれ眼があり、その眼であらゆる苦難を見のがさず、救いの手をさし伸べてくれるのです。

また、千手観音はどのような悩みでも救済するために、その手には数珠や金剛杵《こんごうしょ》、宝珠《ほうじゅ》、羂索《けんさく》などさまざまな道具を持っています。しかし、千手観音像を造るうえですべてを表現するのは困難なので、一般的には胸の前で合掌した二本の手を除き、四十手として表されることがほとんどです。実際に手が千本ある真数千手《しんすうせんじゅ》の作例としては、奈良・唐招提寺金堂に安置されている千手観音が知られています。

千手観音のご利益は、開運、願望成就、延命、恋愛成就、夫婦円満、子年に生まれた人の厄除けなど広範囲におよび、現世利益に功徳があるとされています。

十《じゅう》一《いち》面《めん》観《かん》音《のん》菩《ぼ》薩《さつ》

種字：

キャ

真言

オン　ロケイ　ジンバラ　キリク（根本真言）

訳：あらゆる衆生を観るのに自在なるお方よ。フリーヒ（キリーク）。

オン　マカ　キャロニキャ　ソワカ

訳：大悲ある者よ。スヴァーハ。

ご利益

この世で安楽に暮らし、あの世で極楽浄土に行ける

現世での十種の功徳と来世での四種の果報をもたらす観音菩薩

十一面観音菩薩はサンスクリット語で「エーカーダシャムッカ」といいます。エーカーダシャは十一、ムッカは顔という意味なので、文字通り十一の顔を持つ者となります。全方位を意味する十方（八方に上下二方を加えた十方向）に向けた顔と、自身の顔を加えて十一面とし、全ての方向の衆生を救済する観音であることを表しています。

十一面観音菩薩のご利益として、現世での十種類のご利益である「十種勝利《じゅっしゅしょうり》」と、来世での果報である「四種果報《よんしゅかほう》」がもたらされるといわれています。十種勝利をわかりやすく示すと、（1）病気にならない　（2）諸仏の守護　（3）財産や衣食に困らない　（4）嫌な人の排除　（5）慈悲の心が生まれる　（6）害虫や疫病を除く　（7）凶器排除　（8）火の災いに遭わない　（9）水の災いに遭わない　（10）恐ろしい死に方にならない、などの功徳です。一方、死後の功徳である「四種果報」とは、（1）臨終の際に仏に会える　（2）地獄に堕ちない　（3）獣に襲われない　（4）極楽浄土の無量寿国《むりょうじゅこく》に生まれ変わる、となります。十一面観音に対する「悔過《けか》」の法会は、奈良時代から盛んに行なわれてきました。悔過とは、仏の前で過ちを悔いて罪をはらい清める懺悔の儀式。有名な冬の行事である奈良東大寺のお水取りは、正確には「修二会《しゅにえ》」といい、東大寺二月堂の本尊である十一面観音への悔過法会《けかほうえ》です。

十一面観音像は、頭上に十面、頭頂に如来像を配した十一面とし、正面三面の慈悲面《じひめん》は優しい菩薩《ぼさつ》相《そう》で人々を見守り、右三面の瞋怒面《しんぬめん》は威怒相《いぬそう》で悪事を怒り、左三面の狗牙上出面《くげじょうしゅつめん》は白牙相《びゃくげそう》で善行に対し微笑み、背後の暴悪大笑面《ぼうあくだいしょうめん》は笑怒相《しょうぬそう》で悪行者をさげすみ笑いとばしています。

馬《ば》頭《とう》観《かん》音《のん》菩《ぼ》薩《さつ》

種字：

カン

真言

オン　アミリト　ドハンバ　ウン　ハッタ　ソワカ

訳：帰命したてまつります。甘露《かんろ》より生じた者よ。フーン　バット　スヴァーハー。

ご利益

動物守護　交通安全

衆生の煩悩を断ち、動物守護や交通安全をつかさどる

サンスクリット語で「ハヤグリーヴァ」といいます。ハヤとは馬、グリーヴァは頭という意味で馬の頭、馬の首と訳されます。もともとヒンドゥー教の神でしたが仏教に取り入れられ、観音の変化仏《へんげぶつ》となりました。六観音の一つになっています。忿怒《ふんぬ》の形相をしていることから「馬頭明王《ばとうみょうおう》」とも呼ばれ、八大明王の一尊にも数えられます。あまたの観音菩薩の中で忿怒形をしているのは馬頭観音だけです。

頭に馬頭を戴《いただ》くのは、馬が草を黙々と食いつくすように、この仏が馬の勢いさながらに、衆生の煩悩をひたすら食べつくし救済してくれる功徳があることを示しています。

真言のアミリト（アミリタ）とは不死の霊薬である甘露のことで、ドハンバは生じるという意味です。すなわち馬頭観音は霊薬の甘露を生み出す力をもっており、甘露により人々を病苦から救い出すということをあらわしています。

馬頭観音は馬をはじめ動物を守護する観音として、古来より日本の民間信仰にも深く浸透しています。農耕馬の供養や、かつて交通手段であった馬の道中安全、馬の病気治癒を願って、道端に馬頭観音の石仏が多く建てられました。交通安全の守護仏としても知られています。

馬頭観音像は、頭上に馬頭を戴き、三面三眼の二臂または八臂の忿怒相で、中央の手で馬頭根本印を結び、他の手には金剛鉤《こんごうこう》、宝棒《ほうぼう》、水瓶《すいびょう》などを持つ姿が多いようです。

准《じゅん》胝《てい》観《かん》音《のん》菩《ぼ》薩《さつ》

種字：

ブ

真言　オン　シャレイ　シュレイ　ジュンテイ　ソワカ

訳：准胝尊に帰命したてまつります。起座したまえ　発進したまえ　スヴァーハー。

ご利益　女性の守り仏　延命

諸仏を生み出した清浄なる智慧の仏母

サンスクリット語の「チュンディ」を音写して准胝と称されます。チュンディは「清浄」とか「妙義」と訳され、清らかで穢《けが》れのない尊であることをあらわします。准胝仏母《じゅんていぶつも》、七倶胝仏母《しちぐていぶつも》とも呼ばれ、准堤《じゅんてい》、准提《じゅんてい》と書く場合もあります。七倶胝仏母の七倶胝とは七億のことで、七億にたとえられるほど無限無量の仏を生み出す母という意味になります。そのため、准胝観音は観音であり、仏部（如来）にも属しているとされます。

真言宗では准胝観音は六観音の一つとされ、天台宗では准胝観音の代わりに不空羂索観音《ふくうけんじゃくかんのん》を加えて六観音とします。六観音は六道輪廻《りくどうりんね》で迷う人々を救うことを目的に選ばれた六尊（聖観音・千手観音・馬頭観音・十一面観音・准胝観音・如意輪観音）のことで、准胝観音は六道のうちの人間界を救済する役目を担っています。准胝観音は、元はヒンドゥー教の女神とされ、仏教に取り入られてからは准胝仏母と称され、女性的な慈悲深い仏として信仰されました。真言を唱えることで、延命の功徳のほかに、夫婦仲がよくなり、子授け、安産など、特に女性の願いがかなうとされています。京都の醍醐寺を開いた聖宝《しょうぼう》（八三二―九〇九年）が、准胝観音を本尊に祀る准胝観音堂において、醍醐天皇の皇子の誕生を祈願すると、のちの朱雀天皇・村上天皇を授かったと伝えられています。

准胝観音の姿は、一面三眼十八臂《ぴ》で描かれることが一般的です。たくさんの手を持つ千手観音と見まちがえやすいのですが、准胝観音が座る蓮華座を難陀竜王《なんだりゅうおう》と沙迦羅竜王《しゃからりゅうおう》が左右で支えていることや、顔に三つの眼があることで見分けられます。

不《ふ》空《くう》羂《けん》索《じゃく》観《かん》音《のん》菩《ぼ》薩《さつ》

種字：

モウ（ボ）

真言

オン　アボキャビジャヤ　ウン　ハッタ

訳：帰命したてまつります。不空の勝者よ　フーン　パット。

ご利益

健康長寿

慈悲の縄で人々の悩みをあますことなく救い、願いをかなえる観音

サンスクリット語で「アモーガパーシャ」といいます。アモーガとは「不空」、パーシャは「羂索」と訳されます。羂索とは、狩猟などで使われる投げ縄のこと、不空は空しくないことです。すなわち、縄で獲物をもらさず捕らえるように、不空羂索観音が慈悲の心で人々の悩みを空しく逃すようなことなく、必ず救い取り、願いをかなえるということです。

不空羂索観音はその名の通り、あらゆる人々の悩みと苦しみに応え救済する観音なので、その功徳は多岐にわたっており、日本でも奈良時代から盛んに信仰を集めました。八世紀初めに唐の菩提流志《ぼだいるし》が訳したとされる『不空羂索神変真言経《ふくうけんじゃくしんぺんしんごんきょう》』によると、不空羂索観音の真言を唱えることで、健康な身体になる、眉目秀麗《びもくしゅうれい》な容姿になる、敬愛を受ける、財産に恵まれるなど、二十種の現世利益を得ることができ、また死に臨んでも安らかな最期を迎えられ極楽浄土に行けるなど、八種のご利益があるとされます。天台宗では、真言宗系の准胝観音《じゅんていかんのん》の代わりに不空羂索観音を六観音の一尊に数え、六道輪《りくどうりん》廻《ね》のうちで人道に苦しむ人々を救済します。准胝観音と合わせて七観音とする説もあります。

不空羂索観音は、聖観音から変化した多面多臂《ためんたひ》の変化《へんげ》観音です。尊像は一面三眼八臂《いちめんさんがんはっぴ》の姿で造像されることが一般的です。日本で最古とされる奈良・東大寺の法華堂《ほっけどう》（三月堂）に安置される本尊の不空羂索観音像は一面三眼八臂です。中央の二手で合掌し、左右の二手で与願印《よがんいん》、その他の手に羂索、宝珠《ほうじゅ》、蓮華《れんげ》、錫杖《しゃくじょう》などを持ちます。鹿皮の袈裟《けさ》をまとっている場合もあります。二臂や四臂の像もありますが、必ず羂索を手にしていることが特徴となっています。

如《にょ》意《い》輪《りん》観《かん》音《のん》菩《ぼ》薩《さつ》

種字：

キリーク

真言　オン　ハンドメイ　シンダマニ　ジンバラ　ウン

訳：帰命したてまつります。蓮華と如意法輪の火焔をもつ尊よ　フーン。

ご利益　財産を増やす

如意宝珠と法輪の力で意のままにいっさいの願いをかなえる観音

サンスクリット語で「チンターマニチャクラ」といいます。その意味は、チンターマニが如意宝珠、チャクラが法輪です。どんな願いも意のままにかなえる珠である如意宝珠と、煩悩を破壊して仏教の教えを広める象徴としての法輪、この二つの力を持った観音菩薩であることを表しています。また、如意宝珠は福徳を、法輪（宝輪）は智慧の徳を表すともいわれています。

如意輪観世音菩薩、如意輪観音菩薩、大梵深遠観音、救世菩薩と呼ばれることもあります。聖観音菩薩の変化観音の一尊であり、六観音の一つに数えられます。如意輪観音は六道《りくどう》のうちの天上界に迷う人々を救うとされます。

如意輪観音は如意宝珠と法輪の威力であらゆる人々を救済する観音ということから、人々の願いに応じて意のままに財や衣食を取り出し、苦しみの淵から人々を助けるとされます。ご利益として、財福や智慧をもたらすほかに延命や安産などがあげられます。

如意輪観音像は、一面二臂《にひ》や一面六臂《ろっぴ》のものが一般的です。八世紀頃に中国から如意輪観音の信仰が入ってきた当時は、片足を垂下《すいか》した二臂の像でしたが、九世紀に密教が日本に伝わってから六臂像が造られるようになりました。右ひざを立てて、仏の足を意味する右足の裏と、衆生の足を示す左足裏を合わせる輪王座《りんのうざ》の座り方が如意輪観音像の特徴で、右手を頬につけた思惟像《しゆいぞう》となっています。六本の手はそれぞれ六道にあてはめて持物を手にし、六道に迷う者を救う姿を示すといわれています。

白《びゃく》衣《え》観《かん》音《のん》菩《ぼ》薩《さつ》

種字：

ハン

真言 オン シベイテイ シベイテイ ハンダラ バシニ ソワカ

訳：帰命したてまつります。白き者よ　白き者よ　白衣をまとった者よ　スヴァーハー。

ご利益 子授け　安産

かぎりない慈悲の心で人々を救う白衣をまとった観音菩薩

サンスクリット語で、「パーンダラヴァーシニー」といいます。白い衣をまとうという意味から白衣観音と称されます。

白い衣は清浄なる菩提心の象徴。無限の慈悲の心で白処《びゃくしょ》に住むとされ、大白衣観音、白衣観音自在、白衣母、白衣明妃、白処尊菩薩などとも呼ばれて信仰されてきました。

白衣観音は、元は古代インドで崇拝されていた神とされ、日本に伝わってから阿弥陀如来の明妃、観音菩薩の母と称されるようになりました。

日本や中国では、菩薩が三十三に姿を変えて人々を救うとされる三十三観音の教えが中世以降に広まりましたが、白衣観音はその一尊として数えられています。

白衣観音のご利益は、無病息災、病気を取り除くなどのほかに、特に子授け、安産、子育てに霊験あらたかであるといわれています。

白衣観音の姿は、一般に一面二臂《にひ》の女性的な風貌の尊像となっています。胎蔵界曼荼羅に描かれた観音像は、白の蓮華座に座し、右手に与願印《よがんいん》、左手に蓮華を持つ姿となっています。禅宗に見られるような清流の岩の上に坐して瞑想する姿も、古くから水墨画によく描かれてきました。また、群馬県の高崎観音に代表されるように、頭から白い布をかぶり白い衣を身に着けた立像も知られています。

この形式は中国の唐の時代に生まれたといわれています。

楊《よう》柳《りゅう》観《かん》音《のん》菩《ぼ》薩《さつ》

種字：

サ

真言 オン　バザラタラマ　ベイサジャ　ラジャヤ　ソワカ

訳：帰命したてまつります。金剛法よ　医薬の王よ　スヴァーハー。

ご利益 病気を治す

柳の枝を持ち病気を治す薬王観音

楊柳観音菩薩は薬王観音菩薩《やくおうかんのん》の別名で、同体とされます。

楊柳を持つことが三昧耶形《ざんまいやぎょう》となることから、楊柳観音と名づけられました。

三昧耶形とは、仏の力や性格を象徴する持物や手印のことで、その仏を表す標識ともいわれます。

楊柳観音は、人々の病苦を取り除き救済することを使命とした観音です。

楊柳は、柳の枝葉が風になびくように、あらゆる病気を洗い清めて流すということを象徴しており、楊柳の霊力で衆生に功徳が施されるとされます。

楊柳観音像は、右手に楊柳の枝を持ち、左手は宝珠を捧げ持つように、手のひらを上に向けて左の胸にあてる形をとります。楊柳を手に持たず、右側の水瓶に柳の枝を挿している場合もあります。

水《すい》月《げつ》観《かん》音《のん》菩《ぼ》薩《さつ》

種字：

ダ

真言

オン　ビシュダハンドマ　サトバケイタ　ソワカ

訳：帰命したてまつります。清浄なる蓮華尊《れんげそん》よ　衆生のための幢《はた》となる者よ。

ご利益

水難防止　心を浄化する

水月観想により悟りを開き、心の浄化をもたらす観音

水月観音は、三十三観音の一尊に数えられる変化仏《へんげぶつ》とされます。三十三観音とは、『法華経《ほけきょう》』第二十五章の「観世音菩薩普門品《かんぜおんぼさつふもんぼん》」(通称観音経)の中で、観世音菩薩が救済の相手に応じて三十三に姿を変えて現れると説かれており、これに基づいて考えられた三十三の観音のことです。普門品に説かれる仏・菩薩がさまざまな姿に変化して衆生を救うことを「普門示現《ふもんじげん》」といいます。

三十三変化身の中で、水月観音は、仏の教えによらず自ら悟った聖者、すなわち「辟支仏《びゃくしぶつ》」とされます。辟支仏は静寂な孤独を求め、自らは説教をしない存在だとされています。

水月観音像は、月下の水上に浮かぶ蓮華の上に立ち、水面に映る満月を静かに眺めている描写や、水辺の岩の上に坐して月を見上げる姿として描かれます。

このような表現は、辟支仏である水月観音が、月を仰ぎ、水面の月影を観想して縁起の理《ことわり》を悟るという様子を表したものだといわれています。

また密教において、水月観音は水吉祥菩薩《すいきちじょうぼさつ》と同体とされ、密号を潤生金剛といいます。胎蔵界曼荼羅では、曇りのない菩提心を示す観自在院に配されます。一切の衆生の乾いた心に、大日如来の慈悲の聖水を瓶から注いで救済する菩薩として、水吉祥の名前がつけられました。

その姿は多様で、蓮華を左手に、右手は与願印をとるものや、三面六臂《ろっぴ》の像で左の三本の手に宝蓮《ほうれん》華《げ》、金輪、孔雀の尾、右の三本の手に利剣、宝珠、青蓮華《しょうれんげ》を持つものなどがあります。

蔵《ざ》王《おう》権《ごん》現《げん》

種字：

ウン（ウーン）

真言 オン　バキリュ　ソワカ

訳：不明

ご利益 災いをはらう

日本独自の山岳信仰である修験道の本尊

蔵王権現の正式な名称は金剛蔵王権現《こんごうざおうごんげん》、または金剛蔵王菩薩《こんごうざおうぼさつ》といいます。金剛蔵王とは、絶対不滅の真理を体現した者であり、すべてのものをつかさどる王という意味があります。

権現とは、仏が権《かり》に神の姿でこの世に現れたもので、神仏混淆《しんぶつこんこう》の神のことをいいます。

本地垂迹説《ほんちすいじゃくせつ》によれば、日本の神々は、仏または菩薩が衆生を救うために姿を変えて現れたとされ、元の仏や菩薩を本地とし、姿をかえて現れた神を垂迹と呼びます。

蔵王権現は、平安時代に、山岳修行者の開祖とされる役小角《えんのおづぬ》（役行者《えんのぎょうじゃ》）が奈良県吉野の金峯山《きんぶせん》で千日修行をしていたときに現れた日本独自の神仏です。釈迦如来、千手観音、弥勒菩薩の垂迹神であり、三仏合体の教令輪身《きょうりょうりんじん》とされます。教令輪身とは、救いがたい衆生を教え諭すために、仏が恐ろしい忿怒《ふんぬ》の姿に変身して現れることです。役小角が末法の世を救ってくれる強い本尊の出現を祈願すると、三仏が次々と現れたけれど行者はさらに祈り続け、最後に現れたのが蔵王権現であったとされます。そのため蔵王権現は、釈迦如来、千手観音、弥勒菩薩の三仏の功徳も兼ね備えているといわれています。蔵王権現は現世と来世にわたって悪を懲らしめ、人々を救済してくれる神仏です。災いをはらい、迷いや煩悩の苦しみが晴れることを願う人は、真言をひたすら唱えるとよいでしょう。

蔵王権現は一面三眼二臂《いちめんさんがんにひ》の姿で、恐ろしい忿怒の表情をしています。頭上の逆立つ髪に三髪形宝冠《さんばつぎょうほうかん》をかぶって、右手には金剛杵《こんごうしょ》または三鈷杵《さんこしょ》を持ち、左手は腰のあたりで剣印の形をとり、片足を上げて魔物を調伏《ちょうぶく》する丁字立《ちょうじたち》の姿で描かれます。

仏の持物

仏尊の持つ法具を持物《じぶつ》といいます。仏尊のもたらすご利益や功徳を象徴しています。

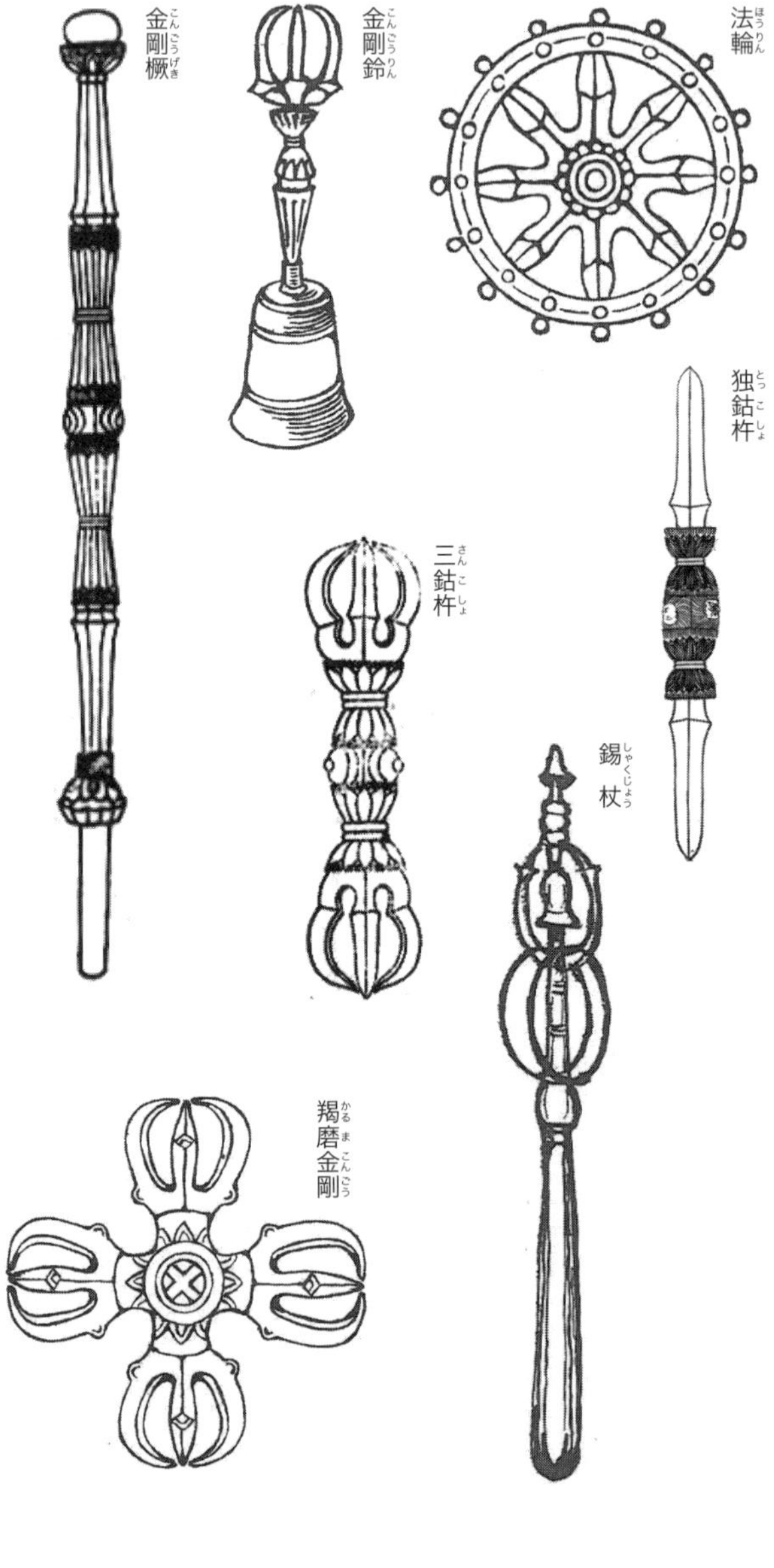

明王の真言

明王の「明」は、明呪すなわち真言のこと。明王とは「真言を身につけた者の王」という意味となります。

明王は、大乗仏教の中から派生した密教の経典にはじめて登場し、日本には平安時代の初めに伝えられました。

密教における大日如来の化身として、明王は「仏の真実の言葉」である真言の効力を体現しています。明王はまた、仏や仏教を信仰する者を守護する存在でもあります。

煩悩に惑わされ仏教の教えに従わない衆生を力ずくで教え導くために、明王は激しい怒りの形相である忿怒相《ふんぬそう》をしているのが特徴です。明王像は一般的に、火焔光を光背にして、悪をこらしめるための武器である宝剣や羂索《けんさく》などを持ち、逆巻く頭髪の多面多臂《たび》の姿をしています。

不《ふ》動《どう》明《みょう》王《おう》

種字：

カーン

真言

ノウマク　サンマンダ　バザラダン　カン（一字咒）

訳：帰命したてまつります。あまねく諸金剛尊よ。

ご利益

災いを除く　戦いに勝つ

大日如来の化身として悪を断ち、仏教を守護する五大明王の主尊

サンスクリット語で「アチャラナータ」といい、「不動・無道の者」という意味から不動尊と称されます。ヒンドゥー教の最高神シヴァ神が起源という説もあります。

大日如来の化身とされ、大日如来が衆生を教化する際に、導きがたい者に対して忿怒《ふんぬ》の相に姿を変えて現れたのが不動明王だとされます。これを教令輪身《きょうりょうりんしん》といいます。

不動明王のご利益として、全ての悪と煩悩を打ち砕き、仏教修行者を守り、衆生の諸願を成就させるといわれています。家内安全・病魔退散・商売繁盛・合格祈願などの現世利益にも効験があるとされ、古くから日本人の根強い信仰を集めてきました。今も「お不動さん」の名で親しまれています。

不動明王は、五大明王および八大明王の主尊です。五大明王とは、不動明王をはじめとして、降三《ごうさん》世明王《ぜみょうおう》・軍荼利明王《ぐんだりみょうおう》・大威徳明王《だいいとくみょうおう》・金剛夜叉明王《こんごうやしゃみょうおう》の五尊のことをいいます。不動明王を中心にして、東西南北の四方を四明王がそれぞれ守っているとされます。また、八大明王は、五大明王に無能勝明《むのうしょうみょう》王《おう》・大輪明王《だいりんみょうおう》・歩擲明王《ぶちゃくみょうおう》を加えた八尊となります。

不動明王の姿は、火焔の光背を背負い、片目か両目を見開き、牙をむいた恐ろしい形相の忿怒相をしています。頭は七髻《しちけい》、髪の一房を左の肩に垂らし、右手に悪を断ち切る剣、左手に煩悩や悪の心を捕まえて滅し救済する羂索《けんさく》を持ち、大岩の上に座す姿が描かれることが多いようです。眷属《けんぞく》として八大童子を従えますが、多くの場合、矜迦羅《こんがら》と制吒迦《せいたか》という二童子を脇侍に従えた三尊形式となります。

降《ごう》三《さん》世《ぜ》明《みょう》王《おう》

種字：

ウン

真言

オン　ソンバ　ニソンバ　ウン　バザラ　ウン　ハッタ

訳：帰命したてまつります。スンバ尊よ　ニスンバ尊よ　フーン　金剛よ　フーン　パット。

ご利益

煩悩を消す

阿閦《あしゅく》如来の教令輪身《きょうりょうりんしん》である五大明王の一尊

サンスクリット語で、「トライローキャヴィジャヤ」といいます。トライローキャは「欲界・色界・無色界」の三界のことで、ヴィジャヤは「金剛・堅固」なものという意味です。三界に加えて、過去・現在・未来の三世にわたって、世界にはびこる貪《とん》（欲）・瞋《しん》（怒り）・痴《ち》（愚かさ）の三毒の煩悩を打ち砕く「三つの世界を降伏する支配者」が降三世明王となります。

降三世明王は、阿閦如来または金剛薩埵《こんごうさつた》の化身として、導き難い相手に対して忿怒尊《ふんぬそん》の姿をとった教令輪身です。五大明王の一尊に数えられ、東方に配されます。

真言にあるソンバとは、降三世の原名である遜婆《そんば》からきており、もとはインド神話の阿修羅族《あしゅらぞく》であったことを示しています。

大日如来が説法をしているとき、過去・現在・未来の三世の主であった異教の神の大自在天（ヒンドゥー教におけるシヴァ神）と、その妻の烏摩《うまー》（パールヴァーティー）が仏法に従わなかったため、ソンバが降伏し仏教へと改宗させたとされます。三世の主ならびに三毒を降伏したはたらきにより、ソンバは降三世の尊称を得たといわれています。

降三世明王の像は三面六臂《ろっぴ》が一般的です。大自在天と烏摩を両足で踏みつけた姿が特徴で、降三世は印を両手で結び、残りの手で剣・弓・鉾などを持ちます。

軍《ぐん》荼《だ》利《り》明《みょう》王《おう》

種字：

ウン

真言 オン アミリテイ ウン ハッタ

訳：帰命したてまつります。甘露《かんろ》の尊者よ　フーン　パット。

ご利益 健康長寿

宝生如来の命を受けて息災延命の功徳をもたらす明王

サンスクリット語名の「クンダリー」を音写して軍荼利明王と称されます。軍荼利夜叉、金剛軍荼利明王と呼ばれることもあります。

クンダは瓶のことで、ここでは不老不死の霊薬である甘露（アミリタ）の入った瓶を意味します。また、クンダリーは蛇とか、どくろを巻くものという意味もあります。蛇は執念深い動物のたとえとされ、煩悩・悪心の象徴となります。

こうした由来から、軍荼利明王は息災延命ならびに煩悩を打ち砕くというご利益をもたらしてくれるとされます。

軍荼利明王は宝生如来が忿怒相に姿を変えて現れた教令輪身《きょうりょうりんしん》とされ、五大明王の一尊として南方に配されます。

軍荼利明王は一面三目八臂《はっぴ》の姿が一般的で、身体の色は青色をしています。頭頂にどくろの宝冠を戴《いただ》き、中央の手は胸前で両手を交差させる大瞋印《だいしんいん》を結び、左足を上げて丁子立《ちょうじたち》をし、右足は踏割蓮華《ふみわりれんげ》座《ざ》を踏んでいます。胸の飾り、腰帯、腕、両の足に蛇を巻きつけた姿は、軍荼利明王の尊像の特徴となっています。

大《だい》威《い》徳《とく》明《みょう》王《おう》

種字：

キリーク

真言

オン　シュチリ　キャラ　ロハ　ウン　ケン　ソワカ

訳：帰命したてまつります。シュチリー　カーラ神の姿をした者よ　フーン　カーン　スヴァーハー。

ご利益

戦いに勝つ

強大な威力で功徳をもたらし、敵を打ち負かす明王

サンスクリット語で「ヤマーシタカ」という。ヤマを下す者という意味になります。ヤマはインド神話で死の国の王とされ、中国に伝わってから閻魔《えんま》大王となりました。降閻魔尊《ごうえんまそん》と呼ばれることもあります。また、六足の足を持つので六足尊という別称もあります。

強大な威力をもって功徳を与える明王ということから大威徳明王と称され、阿弥陀如来または文殊菩薩が忿怒相に姿を変えて現れた教令輪身《きょうりょうりんしん》とされます。

五大明王の一尊として西方を守護しています。

大威徳明王は、戦勝祈願・怨敵調伏《おんてきちょうぶく》に絶大な威力を発揮する大威徳法《だいいとくほう》の本尊です。毒蛇や悪竜、怨敵を倒すというご利益があります。

大威徳明王の姿は六面六臂《ろっぴ》六足で、火焔の光背を背負い、水牛に座し、中央の二本の手で檀陀印《だんだいん》を結びます。持物は作例によって異なり一定ではありませんが、手に剣や三叉戟《さんさげき》、宝弓と箭《せん》（矢のこと）、法輪、宝棒など各種の武器を持つのが一般的です。

金《こん》剛《ごう》夜《や》叉《しゃ》明《みょう》王《おう》

種字：

ウン（ウーン）

真言

オン　バザラ　ヤキシャ　ウン

訳：帰命したてまつります。金剛夜叉よ　フーン。

ご利益

勝負に勝つ　病魔に勝つ

調伏・息災の功徳をほどこす仏法の守護尊

サンスクリット語で「バジュラヤクシャ」といいます。バジュラは金剛杵《こんごうしょ》のことで、仏の智慧の象徴であり、あらゆる煩悩や魔障を打ち砕く力をもつという聖なる法具です。

金剛夜叉は原名をヤクシャ（夜叉・薬叉）というインド神話に登場する北方の鬼神で、人を食う恐ろしい鬼でしたが、のちに仏法の守護尊となったといわれています。

不空成就《ふくうじょうじゅ》如来または金剛牙菩薩《こんごうげぼさつ》の教令輪身《きょうりょうりんしん》で、烏枢沙摩明王《うすさまみょうおう》と同体であるともいわれます。五大明王の一尊で、北方を守護する明王です。

金剛夜叉明王は、金剛杵によって煩悩を打ち砕き、敵を調伏し、戦いに勝つという効験があり、古くから武将や貴族の間でも信仰されてきました。また、病魔にも打ち克ち、健康長寿や無病息災の願いにも功徳をもたらすとされます。

金剛夜叉明王の姿は、三面六臂《ろっぴ》で、正面の顔に五つの眼があるのが特徴です。手には金剛杵や金剛鈴、宝弓、宝箭《ほうせん》（矢）などを持ち、踏割《ふみわり》蓮華座の上に足を置く立姿で描かれますが、左足を上げて跳《ちょう》足《そく》という丁字立《ちょうじたち》をしている場合もあります。

孔《く》雀《じゃく》明《みょう》王《おう》

種字：ม

マ

真言

オン　マヤラギランテイ　ソワカ

訳：帰命したてまつります。無敵の孔雀よ　スヴァーハー。

ご利益

病気治癒　安産　雨乞い

人々の苦難を取り除く菩薩形《ぼさつぎょう》をした明王

サンスクリット語で「マハーマユリ」といい、「偉大な孔雀」という意味から孔雀明王と称されます。美しい羽根を持つ孔雀を神格化した存在で、女性の尊格とされ、孔雀仏母・仏母大孔雀明王とも呼ばれます。

古代インドでは、孔雀は毒蛇をよく食べることから、毒蛇や病気などのあらゆる災難を取り除き、三毒である貪《とん》（欲）・瞋《じん》（怒り）・痴《ち》（愚かさ）を滅して、人々に安楽をもたらしてくれる吉鳥だと考えられてきました。また、孔雀は雨の恵みをもたらす霊力があるとされ、雨乞いの祈願にも効験をもたらすと信じられています。

不空訳『仏母大孔雀明王経』によると、孔雀明王の大陀羅尼《だいだらに》（真言）を唱えると、毒蛇はもとよりいっさいの諸毒、怖畏《ふい》（得体のしれないものへの恐れ）や災難を滅し、安楽を得ると説かれています。孔雀明王の信仰は、飛鳥時代にはすでに日本に伝わっており、七世紀に修験道の開祖である役小角《えんのおづぬ》が信仰していたことはよく知られています。

密教では、孔雀明王を本尊とした呪法を「孔雀明王経法」と呼びます。東密系の東寺では、大法と称される四つの修法の一つがこの「孔雀明王経法」となっています。平安時代には、この修法により国の豊穣を願い、鎮護国家の祈祷が盛んに行なわれたといわれています。

孔雀明王像は通常一面四臂《ひ》の形で、顔は明王には珍しい温和な菩薩形をしており、手に孔雀尾や蓮華を持ち、孔雀の背に乗っている姿で描かれます。

愛《あい》染《ぜん》明《みょう》王《おう》

種字：

ウン

真言

オン　マカラギャ　バゾロ　シュニシャ　バザラ　サトバ　ジャク　ウン　バン　コク

訳：帰命したてまつります。偉大な愛染尊よ　金剛《こんごう》仏頂尊《ぶっちょうそん》よ　金剛《こんごう》薩埵《さった》よ　ジャハ　フーン　ヴァン　ホーフ。

ご利益

恋愛成就　戦勝　染物をする人の守護

煩悩即菩提を説いて息災・敬愛・降伏・増益をもたらす明王

サンスクリット語名は「ラーガラージャ」といいます。ラーガとは「赤色（愛染）・情欲」、ラージャは「王」を意味し、愛染明王と称されます。

真言にある金剛仏頂尊とは、金剛の如く壊れることのない仏頂（仏の智慧を表す）を備えた尊よ、という意味になります。金剛薩埵は大日如来の化身で、愛染明王と同体とされます。

愛染明王は金剛峯楼閣一切瑜祇経《こんごうぶろうかくいっさいゆしきょう》の「愛染王品第五」に記されている仏尊です。愛染明王の修法は息災・敬愛・降伏・増益の功徳をもたらすといわれます。特に、愛欲の煩悩を否定せず、その中から究極的に高い次元の悟りを開くこと、すなわち「煩悩即菩提」の教えを説く明王として知られています。愛染明王のご利益は、恋愛成就や縁結び、夫婦円満などのほか、愛欲を否定しないことから古くは遊女、現代では水商売の女性の信仰対象にもなっています。愛染という名前が藍染《あいぞめ》を連想させるとして、染物や織物に携わる人たちにも信仰されてきました。

また、戦勝祈願に霊験あらたかで、鎌倉時代の真言律宗の開祖・叡尊《えいそん》が蒙古襲来（元寇《げんこう》）に際し、愛染明王の調伏法を行ない、神風を起こして撃退したという故事が伝えられています。

愛染明王は、主に一面六臂《ろっぴ》の姿であることが多く、顔は三眼の忿怒相《ふんぬそう》、頭上に獅子《しし》の冠を載せ、身体は赤色で、日輪を光背にして宝瓶《ほうびょう》の上の赤い蓮華台《れんげだい》に座っています。四臂像などもあり、不動明王と愛染明王の合体で二つの頭を持つ両頭愛染明王像《りょうとうあいぜんみょうおうぞう》や、天に向け弓を引く天弓愛染明王像《てんきゅうあいぜんみょうおうぞう》など異形像も見られますが、持物に弓と箭《せん》（矢）を持つ点は共通しています。

大《だい》元《げん》帥《すい》明《みょう》王《おう》

種子：

ア

真言 ノウボウ タリ タボリ ハラボリ シャキンメイ
シャキンメイ タラサンタン オエンビ ソワカ

訳：解読不能

ご利益 戦いに勝つ 国家守護

絶大な力で国を護り、外敵を降伏する全明王の総帥

サンスクリット語で「アータヴァカ」といいます。「荒野の鬼神」という意味で、荒野鬼神大将、森林鬼神などと訳されます。

アータヴァカは、インド・コーサラ国の首都舎衛城《しゃえいじょう》の郊外に広がる森林に住んでいた強力なヤクシャ（夜叉）で、人間を襲って食う悪鬼でした。しかし、釈尊によって調伏され、仏教に深く帰依したといわれています。やがて、アータヴァカはその広大無比の威力をもって仏教の守護者となり、さらには国家を守護する明王となりました。

大元帥明王は、明王の中でも最強とされる不動明王にも並ぶ霊験の持ち主とされ、明王の総帥という意味の大元帥明王と称されています。

大元帥明王を本尊とする大元帥法は秘法とされ、天災や外敵を退散・降伏し国を護る修法として、九世紀から明治時代に至るまで宮中で執り行なわれてきました。毎年一月八日から十一日まで修され、正月の年中行事ともなっていました。

平安中期に関東で起こった平将門の乱や、同時期に瀬戸内海で起こった藤原純友の乱に際しては、反乱鎮圧を祈願して大元帥の修法が行なわれたといわれています。

大元帥明王の姿は、一面六臂《ろっぴ》像や三面八臂《はっぴ》像など多様であり、身体は青黒く、髑髏《どくろ》の飾りや蛇を手足や首に巻きつけ、忿怒相《ふんぬそう》の明王の中でもひときわ恐ろしく、畏怖の念を抱かせる形相をしています。

烏《う》枢《す》沙《さ》摩《ま》明《みょう》王《おう》

種字：

ジャク

真言

オン　クロダノウ　ウン　ジャク

訳：帰命したてまつります。忿怒《ふんぬ》の尊よ　フーン　ジャハ。

ご利益

便所・台所の浄化　男児の子授け

一切の不浄なものを焼き払い清める明王

サンスクリット語で「ウッチュシュマ」といいます。穢れを浄化するという意味があり、音訳されて烏枢沙摩明王と呼ばれています。烏枢瑟摩《うすしま》、烏芻沙摩《うすさま》などと表記されることもあります。古代インドの火神アグニが仏教化したとされ、火頭金剛《かずこんごう》とも呼ばれます。金剛夜叉明王《こんごうやしゃみょうおう》と同体で、天台宗では金剛夜叉明王の代わりに、烏枢沙摩明王が五大明王に入っています。

烏枢沙摩明王は穢れや悪鬼を焼き払い、不浄なものを清浄なものに変えてくれる明王です。厠《かわや》（便所）は悪霊の通り道だと考えられてきたので、不浄な場所を浄化する霊験がある烏枢沙摩明王は、古くから人々の篤い信仰を集めてきました。今でも多くの密教や禅宗の寺院、地方の旧家などでは、厠の守護神として祀られています。

この真言は解穢真言《ぐえんしんごん》と呼ばれるもので、清浄を祈るための真言です。真言を唱えることで、心の浄化から生活上のあらゆる不浄なものまでを清めてくれるとされます。

また、烏枢沙摩明王は安産の功徳があるとされ、中でも平安時代から貴族社会で行なわれたという「烏枢沙摩変成男子法《うすさまへんじょうなんしほう》」という祈祷が知られています。この明王は胎内にいる女児を男児に変える力をもっているとして、戦国時代の武将たちの間でも男児誕生を祈願して広く信仰されていました。

烏枢沙摩明王の姿は一面六臂《ろっぴ》、三面八臂《はっぴ》、四臂《ひ》であったりと、さまざまな表現がみられます。一般的には、火焔を光背にして片足立ちし、手には宝剣や金剛杵《こんごうしょ》などの武器を持ち、顔は激しい忿怒相をしています。

天の真言

天とは、サンスクリット語で「デーヴァ」のことで、「輝くもの」という意味があります。音写して「提婆」となります。

仏教における天は、仏教が日本に伝わる以前から古代インドで崇拝されていた神話の神とか、バラモン教やのちのヒンドゥー教の神が仏教に取り込まれ、護法善神となった神々のことです。

そのため、天部の像は多種多様な姿をしていることが特徴です。

天部は人々を悟りに導くというより仏教を守護することを使命としているので、如来や菩薩の守護と、仏道に励む修行者を護り、仏道を妨げるものを取り除いてくれます。

天部の諸尊は霊験あらたかな現世利益をもたらしてくれる尊格として、古くから民衆の信仰を集めてきました。

梵《ぼん》天《てん》

種字：

ボラ

真言

ノウマク　サンマンダ　ボダナン　ボラカンマネイ　ソワカ

訳：帰命したてまつります。あまねく諸仏に　ブラフマーよ　スヴァーハー。

ご利益

仏教守護　立身出世

釈迦に悟りを広めるように説得した天部の最高神

古代インドで宇宙の創造主であるブラフマンを神格化した最高神ブラフマーが、仏教に取り入れられて梵天となったとされます。帝釈天とともに仏法護持の二大神に並び称されています。

釈迦が悟りを開いた後、その悟りの内容が難しく衆生に伝えることを断念しようとしたとき、梵天は悟りを万人に広めるべきだと釈迦に進言したとされます。これを「梵天《ぼんてん》勧請《かんじょう》」といいます。

梵天は密教で十二天・八方天の一尊で、色界の初禅天《しょぜんてん》（大梵天《だいぼんてん》・梵輔天《ぼんほてん》・梵衆天《ぼんしゅうてん》）の主です。

仏教では、衆生が生死を繰り返しながら輪廻する世界を三界（欲界・色界・無色界）といいます。欲界は煩悩と食欲のある衆生が住む世界、三界の一番下に位置します。色界とは物質的な世界のことで、欲から離れているが物質や肉体からは脱していない世界、三界の中間に位置します。一番上に無色界があり、物質も欲も超越した心の働きとしての四蘊《しうん》（受・想・行・識）だけで成り立つ世界だとされています。

梵天は四禅を修することによって天界に生まれ変わるという色界に住んでいます。色界は四禅天に大別され、そのうちの初禅天に属する梵天は初禅天の最高位とされています。

梵天の姿は、中国の貴人のような高貴な衣装を身につけ、菩薩のような柔和な表情を浮かべていることから貴紳形とされ、天部の中でも貴顕天部《きけんてんぶ》に属しています。一般に、四面四臂《よんび》で、白鵞《びゃくが》（白い鵞鳥）に乗る姿で表されます。釈迦如来を中心に帝釈天と対になった釈迦三尊像も像造されています。

帝《たい》釈《しゃく》天《てん》

種字：

イー

真言

ノウマク　サンマンダ　ボダナン　インダラヤ　ソワカ

訳：帰命したてまつります。あまねく諸仏よ　インドラ神よ　スヴァーハー。

ご利益

戦いの勝利　財福を得る

須弥山の頂に住み、梵天と並び仏教を守護する二大護法善神

インド神話に登場する天空の支配者インドラが仏教に取り入れられて、帝釈天と呼ばれるようになりました。インドラ神はインドラの矢という武器で阿修羅《あしゅら》とも戦った英雄神でした。

帝釈天は風水や雷雨をつかさどる神として、梵天とともに天部で最高位の神格をもちます。修行時代の釈迦を守護し成道を助けた神であり、仏教の護法神として梵天と並び称されています。

密教では大日如来を本尊とする十二天の一尊として東方を守り、千手観音菩薩の眷属《けんぞく》である二十八部衆の一尊でもあります。また四天王を配下に従えて、人間界の善悪の行ないを監視させているといわれています。

帝釈天は忉利天《とうりてん》の主で、須弥山《しゅみせん》の頂上にある善見城《ぜんけんじょう》（喜見城《きけんじょう》）の中の殊勝殿《しゅしょうでん》に住んでいるとされます。忉利天とは、仏教の世界観でいう欲界《よくかい》（三界の一つ）の第六天に属する須弥山の頂上にある天上界です。須弥山の頂上は東西南北に峰があり、四つの峰にそれぞれ八天あって，中央に諸天の統領である帝釈天が住み、忉利天には合わせて三十三の天神がいます。そのため忉利天は別名三十三天ともいわれています。

帝釈天は財宝をもたらす福神といわれています。またもともと戦いの神であったことから戦勝祈願や、除災にもご利益があるとされます。

帝釈天の姿は二臂《ひ》で一面三眼で、手には金剛杵《こんごうしょ》あるいは独鈷杵《とっこしょ》を持ち、白象に乗る姿で描かれます。

毘《び》沙《しゃ》門《もん》天《てん》（多《た》聞《もん》天《てん》）

種字：

ベイ

真言 ノウマク　サンマンダ　ベイシラマンダヤ　ソワカ

訳：帰命したてまつります。あまねく諸仏に　特に毘沙門天に　スヴァーハー。

ご利益 戦いの勝利　財福を得る

最強の軍神であり財宝の神である四天王の一尊

サンスクリット語で「ヴァイシュラヴァナ」といい、中国で音写して毘沙門と呼ばれるようになりました。「仏の説法をよく聞く者」という意味もあることから多聞天とも訳されます。

もともとはインド神話の財宝・福徳をつかさどる神クベーラを前身としています。

中国から日本に伝えられた過程で、毘沙門天は財宝神としてだけでなく、戦勝の神として盛んに信仰を集めるようになりました。

毘沙門天は須弥山《しゅみせん》に住む帝釈天の眷属《けんぞく》であり、四天王の最強の武神（四天王としては多聞天）として、夜叉《やしゃ》と羅刹《らせつ》を従えて北方世界を守護しています。また、密教においては十二天の一尊として祀られています。日本では、毘沙門天が外敵を調伏する戦勝の神であることから武将たちの信仰も篤く、南北朝時代の楠《くすのき》正成《まさしげ》、室町時代の足利尊氏《あしかがたかうじ》、上杉謙信《うえすぎけんしん》も毘沙門天を信仰していたと伝えられています。乱世が終わって平和な時代になると、人々に財宝や富を与える福徳の神としてのご利益に人気が集まり、七福神の一尊ともなって庶民の信仰の対象となりました。

一般に、毘沙門天の像は右手に宝棒《ほうぼう》または戟《げき》、左手に宝塔《ほうとう》を捧げ持つ姿で表されます。

頭には宝冠、身体には甲冑をまとい、いわゆる武人天部としての勇ましい姿をしています。

宝塔の中には仏法の神髄が収められているとされ、毘沙門天が仏法護持の神であることを表しています。足下に藍婆《らんば》と毘藍婆《びらんば》という小鬼（邪鬼）を踏みつけている像が知られており、この二邪鬼は天《あま》邪鬼《のじゃく》と呼ばれています。

持《じ》国《こく》天《てん》

種字：

ヂリ

真言

オン　ヂリタラシタラ　ララ　ハラハタノウ　ソワカ

訳：帰命したてまつります。持国天よ　ララー鳥殺戮者よ　スヴァーハー。

ご利益

国家守護　家内安全

四天王の一尊として東方を守護する天尊

サンスクリット名は「ドゥリタラーシュトラ」といいます。「国を治める」という意味があり、治国から持国となり、持国天と称されています。持国天は国家を護り、仏教を守護する天尊として崇拝されてきました。

持国天は四天王の一尊で、東の賢上城に住み、東方を守護する天尊です。古代インドの神話に登場する四つの大陸の一つ、東勝身州《とうしょうしんしゅう》を守護するとされます。

四天王とは、須弥山《しゅみせん》の帝釈天の配下として、須弥山の中腹にある四天王天に住む四天尊のことです。東方の守護神としての持国天、西方の守護神としての広目天、南方の守護神としての増上天、北方の守護神としての多聞天（毘沙門天）からなります。

日本における四天王の信仰は飛鳥時代からあり、聖徳太子が物部氏との戦いにおいて四天王に戦勝祈願して勝利し、大阪の四天王寺を建立したと伝えられています。

持国天は乾闥婆《けんだつばあ》（ガンダルヴァという神の前で音楽を奏でる半神半獣の楽人）と毘舎遮《びしゃしゃ》（食人鬼の鬼神）の首領ともいわれています。

持国天の像は、仏堂内では一般に本尊の向かって右側手前に安置されます。

その姿は、唐代の武将のようないでたちで甲冑を身につけ、右手で剣を持ち、左手で刃先をささえて、足下に邪気を踏んでいる作例や、右手に宝珠、左手に刀を持つ姿など、さまざまな表現が見られます。

広目天《こうもくてん》

種字：

ビー

真言

オン　ビロハキシャ　ナギャジハタエイ　ソワカ

訳：帰命したてまつります。龍の主なる広目天よ　スヴァーハー。

ご利益

長寿　無病息災

四天王の一尊として西方を守護する天尊

サンスクリット名を「ヴィルパークシャー」といいます。その意味は「種々の眼を持つ者」、あるいは「醜眼」、「悪眼」などと訳されます。それが特別な眼を持つ者と解釈され、広目天と称されるようになったといわれています。毘留博叉《びるはくしゃ》、毘流波叉《びるはしゃ》と呼ばれることもあります。

四天王の一尊として須弥山《しゅみせん》の西の中腹に住み、西方の世界を守護します。諸龍王《りゅうおう》（水神）の主とされ、龍神信仰ともつながっているといわれています。子供の病を引き起こす魔物の富単那《ふたんな》を配下としています。

広目天は仏法の守護神として、悪人をこらしめて仏心を起こさせ、仏道に精進する者を護ります。また長寿、無病息災などのご利益があるとされます。

広目天の像は、仏堂内では一般に本尊の向かって左側後方に配されます。

平安時代には、甲冑をまとった唐代の武将形の風貌で、左手に巻子《かんし》、右手に宝筆を持って何かを書きとめようとしている姿で描かれています。平安時代以降になると、右手に三鈷杵、左手は拳を握り腰にあてている姿や、羂索《けんさく》を持つ姿、足下に邪鬼を踏みつけている姿などのさまざまな作例が見られるようになります。

増《ぞう》長《ちょう》天《てん》

種字：
ビ

真言

オン　ビロダカ　ヤキシャジハタエイ　ソワカ

訳：帰命したてまつります。　薬叉の主なる増長天よ　スヴァーハー。

ご利益

商売繁盛

四天王の一尊として南方を守護する神

サンスクリット名を「ヴィルーダカ」といいます。「増大する者、成長する者」という意味があり、増長天と称されます。毘楼勒叉《びるろくしゃ》、毘留荼迦天《びるだかてん》、毘琉瑠天《びるらてん》とも呼ばれます。

四天王の一尊として須弥山の中腹第四層に住み、仏教世界の南方を守護しています。十六善神、十二天の一尊に数えられることもあります。馬頭人神《ばとうじんしん》の鬼である鳩槃荼《くはんだ》など無数の鬼を眷属《けんぞく》としているとされます。

増長天はもともと古くからインドで崇《あが》められていた護世神《ごせいしん》でしたが、仏教に取り入れられて仏教を護る仏法の守護神になりました。また、衆生に富貴をもたらし、商売繁盛のご利益があるともいわれています。

増長天の像は、仏堂内では一般に本尊の向かって左側手前に安置します。その姿はさまざまに表現されますが、通常甲冑の上から天衣《てんね》をまとい、右手に宝剣または戟《げき》を握り、左手を腰にあてた武将形で表されるのが一般的です。身体の色は赤く忿怒の表情をしています。増長天の前で邪鬼がかしずく図や、右手に鉾《ほこ》を持ち、邪鬼を足下に踏みつけている表現もあります。

吉《きっ》祥《しょう》天《てん》

種字：

シリー

真言

オン　マカシリエイ　ソワカ

訳：帰命したてまつります。偉大なる吉祥天女に　スヴァーハー。

ご利益

美しくなる　富を得る

福徳と美貌をもたらす女神

インドのヒンドゥー教の美と豊穣の女神であるラクシュミーが仏教に取り入れられて、吉祥天と称されるようになりました。功徳天《くどくてん》、宝蔵天女《ほうぞうてんにょ》とも呼ばれます。

吉祥天は、ヒンドゥー教においてはヴィシュヌ神の妃で、愛の神カーマの母であったとされますが、仏教においては毘沙門天の妃であり、鬼子母神の娘とされます。

吉祥とは「繁栄・幸福・豊穣」の意味があり、吉祥天は幸運と美貌と富をもたらす美しい女神として、八世紀頃から信仰されてきました。また「吉祥悔過《きちじょうけか》」の法会《ほうえ》の本尊としても知られています。この法会は、正月に吉祥天を本尊として『最勝王経』を唱え、過去の罪を懺悔《ざんげ》し、新たな年の五穀豊穣と福徳を祈願するものです。

吉祥天の姿は、美しい容姿で唐代の貴婦人のような優雅な衣装を身につけ、左手に如意宝珠《にょいほうじゅ》を捧げ持つ姿で表されます。立像が多く造像されていますが、座像の作例もあります。

弁《べん》財《ざい》天《てん》

種字：

ス（ソ）

真言

オン　ソラソバテイエイ　ソワカ

訳：帰命したてまつります。弁財天女に　スヴァーハー。

ご利益

諸芸能の上達　財福を得る

音楽・弁舌・文芸・富をつかさどる七福神唯一の女神

弁財天の前身は、インド神話のサラスバティー川の神であったとされ、水と豊穣の神として崇拝されていました。ヒンドゥー教のブラフマー神（梵天）の妃といわれています。

水の女神ということから、川のせせらぎや美しい水の音を創出する音楽の女神とされ、さらに弁舌やあらゆる技芸・学問の才能をもたらす女神とみなされるようになりました。

近世になり、弁財天は七福神の一尊にも数えられ、技芸の才能に加えて、福徳・財宝をもたらす女神として広く信仰を集めました。古くは、才能をもたらす天尊として「弁才天」と表記されていましたが、のちに財産を授けるご利益が多く求められるようになり、「弁財天」と書くようになりました。今でも弁才天（辨才天）の表記は多く残っており、全国各地で祀られています。

『金光明最勝王経』の「大弁才天女品」によると、弁財天の弁舌の才能と智慧の深さが讃えられており、さらには戦いの神としての功徳も説かれています。

弁財天の像は、『金光明経』に登場する八臂《はっぴ》像と、密教の胎蔵曼荼羅に描かれる二臂《にひ》像があります。八臂像は左の四手に弓、羂索《けんさく》、斧、剣、右の四手に矢、宝輪、独鈷杵《とっこしょ》、三鈷戟《さんこげき》を持ちます。これらは戦いに使う武器で、鎮護国家《ちんごこっか》の戦神としての特色が出ています。一方、二臂像は琵琶を持つ姿で、音楽・技芸の女神であることを表しています。

広島県の宮島・大願寺の厳島《いつくしま》弁財天、滋賀県の琵琶湖・竹生島《ちくぶしま》神社の弁財天、神奈川県の江の島・江島神社の弁財天が日本の三大弁財天とされています。

大《だい》黒《こく》天《てん》

種字：

マ

真言　オン　マカキャラヤ　ソワカ

訳：帰命したてまつります。シヴァ神よ　スヴァーハー。

ご利益　財宝を得る　戦勝　家業安泰

七福神の一神であり財福をもたらす福の神

大黒天の前身は、ヒンドゥー教のシヴァ神の化身で、破壊と戦闘をつかさどる神であるマハーカーラとされます。マハーは「大」、カーラは「黒」、「暗黒」を意味することから大黒天と訳されます。マハーカーラのもたらす絶大なる戦勝の効験は日本にも継承され、大黒天に祈願すると神の加護で必ず戦いに勝つといわれていました。

日本では最澄《さいちょう》によって大黒天の教えがもたらされました。大黒天は食物をつかさどる神でもあったことから、毘沙門天・弁財天と合体した三面大黒を、天台宗の比叡山延暦寺の厨房《ちゅうぼう》の守り神として祀ったのが始まりとされます。

やがて、大黒天は神道の大国主命《おおくにぬしのみこと》と神仏習合され、初期には破壊と豊穣の神として信仰されましたが、のちに五穀豊穣と財福をつかさどる神として広く知られるようになりました。

七福神の一柱として大黒天は民間でも古くから盛んに信仰されてきました。大黒様・大黒柱などの呼び名が現在も使われているのも、大黒天が多くの人々に親しまれてきた名残りといえるでしょう。

胎蔵曼荼羅の外金剛部院に描かれた姿は、青黒い肌と逆立つ髪の忿怒相《ふんぬそう》で、三面六臂《ろっぴ》の像で描かれています。鎌倉時代以降の像は、七福神の一尊として、頭巾をかぶり右手に打ち出の小槌《こづち》、左肩に大きな袋を担いで、米俵の上に乗っているという、今もよく知られる姿で表現されるようになりました。

聖天《しょうてん》（歓喜天《かんぎてん》）

種字：

ギャク

真言

オン　キリク　ギャク　ウン　ソワカ

訳：帰命したてまつります。フリーヒ　ガフ　フーン　スヴァーハー。

ご利益

夫婦仲が良くなる　子授け

あらゆる障害を取り除いて富貴をもたらし、夫婦和合をつかさどる神

サンスクリット名は「ナンディケシュヴァラ」といい、漢訳は大聖歓喜天となります。大聖歓喜自在天、聖天とも称されます。

元はヒンドゥー教のシヴァ神（大自在天）とその妃であるパールヴァティの子で、象頭人身《ずとうじんしん》の神ガネーシャ（ガナパティ）であるとされます。ガネーシャはシヴァ神の眷属《けんぞく》としてシヴァ神の軍隊を率いる長でした。別名ビナーヤカ（毘那夜迦《びなやか》）とも呼ばれます。元は人間に障害をもたらす魔性の障碍《しょうげ》神《しん》でしたが、観音菩薩がその悪行を止めるため女身に化身してナンディケシュヴァラのもとに赴き、仏教に帰依することを誓わせて夫婦となりました。その後この神は人々の障害を取り除いて財福をもたらし、智慧を授ける護法善神になったとされます。男天と女天の象頭人身が抱擁する双身の姿となっているのは、そのためであるとされます。聖天の真言（心咒《しんしゅ》）は、その全体が複数の種字からなる抽象的なもので、訳出するのが難しいとされています。キリクは観音菩薩の種字、ギャクは毘那夜迦神の種字、ウンは軍荼利明王《ぐんだりみょうおう》の種字となります。この心咒は『毘那夜迦生歓喜心双身真言』といわれるもので、毘那夜迦神の功徳を阻むものを観音菩薩ならびに軍荼利明王の種字が除いてくれて、夫婦和合・息災を願う真言となったと捉えることができます。

仏教では重大な祈願の際には、修法を行なう前に聖天壇が作られ、別に祈祷が行なわれてきました。聖天は象頭人身の双身像とガネーシャ像のように単身像で表現されるものが見られます。双身像にも二身が抱擁する姿と相並ぶ姿のものがあります。大根は聖天の大好物とされます。

摩《ま》利《り》支《し》天《てん》

種字：

𑖦

マ

真言

オン　マリシエイ　ソワカ

訳：帰命したてまつります。マリーチ天女よ　スヴァーハー。

ご利益

戦いに勝つ　あらゆる災難から守られる

強大な神力で不敗を授ける武芸の神にして陽炎《かげろう》を神格化した天女

サンスクリット語で「マリーチ」といい、音写して摩利支天となります。末里支菩薩と表記することもあります。

マリーチとは「陽炎」とか「威光」、「太陽や月の光線」の意味で、摩利支天は陽炎を神格化した神とされます。

陽炎は実体がなく誰も見たり捉えることはできないし、傷つけることも害することもできません。

摩利支天は、自らの姿を隠して身を守る「摩利支天隠形法《おんぎょうほう》」の本尊であり、どのような敵にも打ち勝つことができる必勝の守護神として、戦国時代には武士の間に摩利支天信仰が広く流布しました。

多くの武士たちは、戦いに際して、小さな摩利支天の尊像をお守りとして携帯していたといわれています。

摩利支天の真言を唱えれば、摩利支天の加護によりあらゆる災難に打ち勝ち、願いは成就するとされます。護身・財福・旅行安全などのご利益もあるといわれています。

摩利支天の姿は、元は一面二臂の天女像でしたが、のちに男神像として造られるようになりました。三面六臂や三面八臂で、表情は忿怒相《ふんぬそう》のものや柔和相のものなど、さまざまに表現されています。金剛杵《こんごうしょ》などの武器を持って猪の背の上に立つ姿が知られています。

大《だい》自《じ》在《ざい》天《てん》

種字：

マ

真言

オン　マケイシバラヤ　ソワカ

訳：帰命したてまつります。マヘーシュヴァラ神よ　スヴァーハー。

ご利益

恋愛成就　夫婦和合　護国

仏教に取り入れられ、仏法の守護神となったヒンドゥー教の最高神

サンスクリット語で「マヘーシュヴァラ」といいます。ヒンドゥー教の神シヴァの別名で、日本に伝えられて大自在天と称されました。大主宰神と呼ぶこともあります。妻はパールヴァティー（烏摩《うま》）、密教では十二天の一尊である伊舎那天《いざなてん》と同体であるとされます。

シヴァ神（大自在天）は、宇宙創造神であるブラフマー（梵天）、太陽神であるビシュヌ神と並ぶヒンドゥー教の主神です。もとはルドラという暴風雨の神で、シヴァ神は破壊をつかさどる神とされます。仏教に取り入れられてからは仏教を守護する護法善神となりました。

大自在天は仏教の世界観でいう三界（無色界・色界・欲界）のうち、「色界」の頂上である色究竟天《しきくきょうてん》に位置しているとされます。色とは物質のことで、色界は欲望から離れているが物質や肉体は存在する世界のことです。色究竟天とは、これより上の無色界が形のない世界なので、形の存在する色界の究《きわめ》の位置にある天という意味になります。

大自在天のご利益としては、特に縁結びや夫婦和合に効験があるとされます。

大自在天の形像については諸説あり、三目八臂《さんもくはっぴ》の姿で手に三叉戟《さんさげき》や法輪などを持ち、白牛に乗る姿で表される像や、三目二臂や三目四臂で表される像もあります。

なお、大自在天と名前が似ている他化自在天（第六天）は、「欲界」の最上位に属する別の天尊です。

荼《だ》吉《き》尼《に》天《てん》

種字：

ダ

真言 ノウマク　サンマンダ　ボダナン　キリカ　ソワカ

訳：帰命したてまつります。あまねく諸仏に　荼吉尼天に　スヴァーハー。

ご利益 延命　商売繁盛　開運出世

大日如来により善神となり稲荷と習合した夜叉

原名を「ダーキニー」といい、音写して荼吉尼天と称されます。ダーキニーはシヴァ神の妻カーリー女神の侍女で、シヴァ神の眷属とされます。元は人骨をつなげた首飾りをつけ、裸体で虚空を飛び回り人の血肉を食べる夜叉でした。ダーキニーには人の死を六カ月前に予知する力があり、人を死に追いやっては主食である人黄《にんおう》を手に入れていました。人黄とは、人の心臓であるとか、心の中に巣くう煩悩の塊であるなどの諸説があります。

仏教に取り入れられると、大日如来が大黒天に化身して荼吉尼天の前に現れ、人肉を食べることをいさめ、人の命を奪うのではなく死者の心臓のみ食べることを許したといいます。これにより調伏された荼吉尼天は仏教に帰依して善神となりました。密教では、胎蔵曼荼羅の外金剛部院にあって、大黒天に属する夜叉とされます。人黄を食べて絶大な霊力を得ていた荼吉尼天の修法を修めた者には、強力な神通力が宿るとされます。また、この天尊に祈願すれば延命のご利益があるともいわれます。

日本では、荼吉尼天の乗る霊狐と、稲荷神の使いである狐が同一視され、稲荷信仰と結びつきました。稲荷とは農耕をつかさどる五穀豊穣の守護神・宇迦之御霊神《うかのみたまのかみ》のことで、荼吉尼天を本地とする神仏混淆の神とされます。真言密教では荼吉尼天を白晨狐王菩薩《びゃくしんこおうぼさつ》とも称し、荼吉尼天が稲荷の神体であると説いています。除災、招福、商売繁盛、開運出世、交通安全などさまざまな功徳を授けてくれる神として、古くから篤い信仰を集めてきた天尊です。

尊像は、一般に霊狐に乗る天女形の姿と、人を食う夜叉形の姿で描かれる場合があります。

訶《か》梨《り》帝《てい》母《も》（鬼《き》子《し》母《も》神《じん》）

種字：

キリ

真言 オン　ドドマリ　カキテイ　ソワカ

訳：帰命したてまつります。青鬘《かつら》（草木のつる）で作った首飾りをつけた鬼子母神よ　スヴァーハー。

ご利益 子授け　安産　育児　裁判の勝訴

子供を食う鬼女から、仏教を護持し子供の守護神となった女神

サンスクリット語名を「ハリティ」といい、音写して訶梨帝、訶梨帝母と称されます。ハリティは「青」または「青緑」の意味があります。

伝説によれば、訶梨帝母は鬼神の槃闍迦《はんじゃか》の妻で、五百人（一万人ともいわれる）の子供を持ち、その子らに食べさせるために人間の幼児をさらっていました。そこで釈尊が訶梨帝母の末の子を隠したところ、この母は嘆き悲しみ釈尊に泣きつきました。そこで釈尊は、多くの子供を持っていてもそれほど悲しむのなら、たった一人の子を失う親の悲しみの大きさはいかばかりか、と諭したといいます。親の心を知った訶梨帝母は、以後罪を悔い改めて仏教に帰依し、仏教を守護し、母と子の守護神となりました。

日本では特に日蓮宗において、鬼子母神が『法華経』を護持する善神として信仰されています。ご利益は多岐にわたっており、子授けや安産だけでなく、夫婦和合、盗難除け、裁判の勝訴など、現世利益の神として効験あらたかとされます。

訶梨帝母の尊像は、天女形の姿で、胸元で左手に子を抱き、右手に吉祥果《きっしょうか》を捧げる形態が一般的です。また仏敵を調伏する鬼形の像もみられます。鬼子母神が手に持つ吉祥果は柘榴《ざくろ》であるともいわれ、鬼子母神が人間の子供を食べるのをやめさせるために、釈迦が代りに柘榴を食べるように勧めたという説もあります。これは出典が定かではなく俗説ともいわれています。

閻《えん》魔《ま》天《てん》

種字：

エン

真言

ノウマク　サンマンダ　ボダナン　エンマヤ　ソワカ

訳：帰命したてまつります。あまねく諸仏に　特に閻魔天に　スヴァーハー。

ご利益

延命　除病

人類の始祖であり、死者の生前の行為を審判する冥界の王

サンスクリット語名を「ヤマ」といい、音写して閻魔《えんま》、焔摩《えんま》、夜摩《やま》などと称されます。インド神話で、ヤマは人類の始祖とされ、天界で最初に生をうけ、最初に死んだ人間であるといわれています。ヤマはこの世からあの世につながる道を見つけ、初めて冥界に赴いた者として冥界の支配者となりました。そして死者の生前の罪業を審理し、賞罰をつかさどる神となったといわれています。

中国に伝わると、閻魔天は道教の影響を受け、冥界で死者を裁く十の王の一人として数えられるようになります。これは、人は死後七日から七回（追加を入れて十回）にわたって十王の審理を受けて、来世の場所が決められるという十王信仰からきています。日本でも死者の追善供養として、この十王を冥途の裁判官と考え、それぞれに本地となる十仏を対応させ、三回忌以降の審理（七回忌・十三回忌・三十三回忌）を担当する三仏を加えて十三仏信仰が生まれました。

十王のうちで閻魔天は五七日忌《ごしちにちき》を担い、本地仏は地蔵菩薩となります。

仏教に取り入れられた閻魔天は、仏法の護法善神として十二天の一尊となり、南方を守護する神となりました。密教では、閻魔天曼荼羅を本尊に、延命、除病、除災を祈願する閻魔天供《えんまてんきょう》や、故人を追善供養する冥道供《みょうどうきょう》の修法が盛んでした。閻魔天に延寿を祈る時間は、亥《い》の刻（午後九時〜十一時）がよいとされます。

密教における閻魔天像は、二臂《にひ》像で、右手には棒の先の半月形に人頭をつけた人道幢《じんとうどう》を持ち、左手は掌《てのひら》を上に向け、白い水牛に乗る天人の姿で表される場合があります。

十二天の真言とご利益

十二天とは、仏教を守護する神々である「天部」における十二の天尊を総称したものです。十二天のうち、八方（東西南北の四方と東北・東南・西北・西南）を護る諸尊を八方天または護世八方天といいます。

また、八方天に天地を守護する二方の天尊を加えて十天とする場合もあります。

帝釈天《たいしゃくてん》

真言　ノウマク　サンマンダ　ボダナン　インダラヤ　ソワカ

ご利益　東の守護　戦いの勝利　財福を得る

火天《かてん》

真言　ノウマク　サンマンダ　ボダナン　アギャナウエイ　ソワカ

ご利益　東南の守護　仏教の守護

閻《えん》魔《ま》天《てん》

真言 ノウマク サンマンダ ボダナン エンマヤ ソワカ

ご利益 南の守護 延命 除病

羅《ら》刹《せつ》天《てん》

真言 ノウマク サンマンダ ボダナン ニルリティ ソワカ

ご利益 西南の守護 煩悩を断つ

水《すい》天《てん》

真言 ノウマク サンマンダ ボダナン バロダヤ ソワカ

ご利益 西の守護 仏教の守護

風《ふう》天《てん》

真言　ノウマク　サンマンダ　ボダナン　バヤベイ　ソワカ

ご利益　西北の守護　仏教の守護

毘《び》沙《しゃ》門《もん》天《てん》

真言　ノウマク　サンマンダ　ベイシラマンダヤ　ソワカ

ご利益　北の守護　戦いの勝利　財福を得る

伊《い》舎《ざ》那《な》天《てん》

真言　ノウマク　サンマンダ　ボダナン　イシャナヤ　ソワカ

ご利益　東北の守護　仏教の守護

梵《ぼん》天《てん》

真言　ノウマク　サンマンダ　ボダナン　ボラカンマネイ　ソワカ

ご利益 仏教の守護　立身出世

地《じ》天《てん》

真言 ノウマク　サンマンダ　ボダナン　ハラチビエイ　ソワカ

ご利益 地下の守護　仏教の守護

日《にっ》天《てん》

真言 ノウマク　サンマンダ　ボダナン　アニチャヤ　ソワカ

ご利益 日の守護　仏教の守護

月《がっ》天《てん》

真言 ノウマク　サンマンダ　ボダナン　センダラヤ　ソワカ

ご利益 月の守護　仏教の守護

主な真言・陀羅尼

光明真言《こうみょうしんごん》

真言 **オン　アボキャ　ベイロシャノウ　マカボダラ　マニ　ハンドマ　ジンバラ　ハラバリタヤ　ウン**

訳：帰命したてまつります。不空なる　ヴァイローチャナよ　偉大なる印を有するお方よ　宝珠《ほうじゅ》よ　蓮華《れんげ》よ　光明を放ちたまえ。

ご利益 **過去の罪を滅し、極楽浄土に往生できる　すべての災いを取り除く**

光明真言は、二十四の梵字からなる密教の真言です。正式には「不空大灌頂光真言《ふくうだいかんじょうこうしんごん》」といいます。八世紀、不空訳による『不空羂索毘盧遮那仏大灌頂光真言経《ふくうけんじゃくびるしゃなぶつだいかんじょうこうしんごんきょう》』や菩提流志《ぼだいるし》訳の『不空羂索神変真言《ふくうけんじゃくしんぺんしんごん》経《きょう》』などの密教経典に説かれています。

光明真言は、平安時代にはすでに光明真言法として加持が行なわれていました。

真言・陀羅尼の中でも最も知られているものの一つであり、宗派を超えて今もよく唱えられている真言です。

ヴァイローチャナとは「あまねく照らし出すもの」という意味で、毘盧遮那仏（大日如来）のことです。この真言は大日如来の真言であり、すべての諸仏の総呪ともいわれており、繰り返し唱えることで無限無比の功徳を授かることができます。

特に光明真言の読誦により、毘盧遮那仏の光明でいっさいの罪障が滅せられるとされます。また「土砂加持法」という秘法が知られており、この真言で加持祈祷《きとう》した土砂を死者の亡骸《なきがら》や墓にかけることで、死者の犯した罪も滅せられ極楽浄土へ往生するといわれています。

なお、この真言は一般によく唱えられている形式を紹介しています。真言宗智山派および天台宗の場合は若干異なります。

六《ろく》字《じ》真《しん》言《ごん》

真言　**オン　マニ　ハンドマ　ウン**

訳：オーン　蓮華の宝珠よ　フーン。

ご利益　**観音菩薩の加護により災害や病気などから守護**

六字真言はチベット語で発音すると「オーン　マニ　パドメー　フーン」、チベット仏教では「オン　マニ　ペメ　フム」となり、細かく分けると「オン　マ　ニ　ペ　メ　フム」とチベット語で六文字となります。そこから六字真言といわれています。

六字大明呪《ろくじだいみょうじゅ》ともいわれ、正式には六字大明陀羅尼《ろくじだいめいだらに》となります。観世音菩薩の慈悲を表す真言とされ、観音六字とも呼ばれています。

真言のマニは智慧を表す「宝珠《ほうじゅ》」という意味です。パドメーは慈悲を表す「蓮華」という意味で、すべて観音菩薩の象徴となります。

特にチベット仏教圏のチベットやネパール、モンゴルでは六字真言の信仰は今も盛んで、人々が日常的に唱えています。チベットの聖地ラサにある代々ダライ・ラマの居城であったポタラ宮殿の崖の岩にも六字真言が刻まれています。

この真言を唱えれば、観世音菩薩の加護により、あらゆる災害や病気などから守ってくれるといわれています。

心経陀羅尼《しんぎょうだらに》

陀羅尼　ギャテイ　ギャテイ　ハラギャテイ　ハラソウギャテイ　ボジ　ソワカ

訳：行ける者よ　行ける者よ　彼岸に完全に行ける者よ　彼岸に完《まった》く完全に行ける者よ　悟りよ　スヴァーハー。

ご利益 いっさいの苦しみや悩みが取り除かれ、悟りの境地になる

『般若心経』の末尾には、最高のマントラである般若波羅蜜多呪《はんにゃはらみったしゅ》としてこの陀羅尼が説かれています。霊力のある呪の部分は翻訳できない言葉ともいわれますが、その大意は右に示した訳のようになると考えられます。

ギャテイ（羯諦）は「行く」という意味。ハラギャテイ（波羅羯諦）のハラはサンスクリット語のパーラで「完全」を意味し、完全に行くとなります。ハラソウギャテイ（波羅僧羯諦）のソウはサンスクリット語のサンで、これも完全にという意味となり、完《まった》く完全に行くという解釈となります。どこに行くのかというと、それは悟りの世界であり彼岸です。最後のボジ（菩提）は悟りのことで、ソワカ（薩婆訶）はサンスクリット語のスヴァーハーです。成就という意味があり、真言の最後に加える慣用句で、「幸いあれ」「めでたし」というような結びの言葉となります。

般若心経は浄土真宗を除くほとんどの宗派で唱えられており、一般にも広く知られた有名な経典です。その般若心経の最後を締めくくる陀羅尼は、この経典の神髄の部分です。その前文には、この陀羅尼（真言・呪）が、大いなる、偉大な智慧の、最上の、比類なき呪であり、あらゆる苦悩を取り除いてくれるものであると示されています。心経陀羅尼は、真言を念誦《ねんじゅ》することにより、正覚《しょうがく》の境地

（悟り）に到達することのすばらしさが説かれおり、この真言を唱えるとすべての苦しみから解き放たれ幸せになるといわれています。

仏《ぶっ》頂《ちょう》尊《そん》勝《しょう》陀《だ》羅《ら》尼《に》

陀羅尼

ナウボバ　ギャバテイ　タレイロキャ　ハラチビシシュタヤ　ボダヤ　バ
ギャバテイ　タニャタ　オン　ビシュダヤ　ビシュダヤ　サンマ　サンマ
サンマンダ　ババシャ　ソハランダ　ギャチ　ギャカナウ　ソハハンバ　ビ
シュデイ　アビシンジャト　マン　ソギャタ　バラバシャナウ　アミリタ
ビセイケイ　マカ　マンダラ　ハダイ　アカラ　アカラ　アユ　サンダラニ
シュダヤ　シュダヤ　ギャギャナウ　ビシュデイ　ウシュニシャ　ビジャ
ヤ　ビシュデイ　サカサラ　アラシメイ　サンソヂテイ　サラバ　タタギャ
タ　バロキャニ　シャタ　ハラミタ　ハリホラニ　サラバ　タタギャタ　キリ
ダヤ　ヂシュタナウ　ヂシュチタ　マカ　ボダレイ　バザラ　キャヤ　ソワ

カ タナウ ビシュデイ サラバ バラダ バヤ ドラギャチ ハリビシュデイ ハラチニバリタヤ アヨクシュデイ サンマヤ ヂシュチテイ マニマニ マカ マニ タタタ ボダ クチ ハリシュデイ ビソホタ ボウヂシュデイ ジャヤ ジャヤ ビジャヤビジャヤ サンマラ サンマラ サラバボダ ヂシュチタシュデイ バジリバザラギャラベイ バザランバンバトママ シャリラン サラバサトバナン シャ キャヤハリビシュデイ サラバ ギャチハリシュデイ サラバ タタギャタシッシャ メイ サンマジンバサエンドウ サラバ タタギャタ サンマジンバサ ヂシュチテイ ボウヂャ ボウヂャ ビボウヂャ ビボウヂャ ボウダヤ ボウダヤ ビボウダヤ ビボウダヤ サンマンダ ハリシュデイ サラバ タタギャタ キリダヤ ヂシュタナノウ ヂシュチタ マカ ボダレイ ソワカ

訳

三界において最勝なる仏陀世尊に帰命したてまつる。すなわち、オーン。浄めたまえ、浄めたまえ、等しきものなき、あまねく光明の拡がりによって、（六）趣の深淵（までも照らす）、その本質が清浄なるものよ、善逝《ぜんせい》の、甘露のごときすぐれた言葉の灌頂である大真言の句でもって、我を灌頂したまえ、（寿命を）さずけたまえ、さずけたまえ、寿命を保持するものよ、浄めたまえ、浄めたまえ、虚空のごとく清浄なるものよ、清浄なる仏頂尊勝よ、千光明によりて驚覚《きょうかく》されしものよ、一切の如来のよく観察するものよ、六波羅蜜を成満したものよ、一切如来の必要なる神力によって加持されしものよ、大印なるものよ、金剛身の堅固にして清浄なるものよ、一切の障碍・畏怖・悪趣（から離れて）清浄なるものよ、（我を苦より）離脱せしめたまえ、寿命の清浄なるものよ、（一切如来の）誓願によって加持されたものよ、宝珠よ、宝珠よ、大宝珠よ、真如実際として清浄なるものよ、開顕せる智慧の清浄なるものよ、勝ちたまえ、勝ちたまえ、打ち勝ちたまえ、打ち勝ちたまえ、念じたまえ、念じたまえ、一切の仏陀に加持されて清浄なるものよ、金剛よ、金剛（のごとき）胎を持つものよ、我の身体も、一切有情の身体も金剛となれかし、身体の清浄なるものよ、一切趣に完全に清浄なるものよ、一切如来は我を安楽にせしめたまえ、一切如来の安慰によって加持されたるものよ、悟りたまえ、悟りたまえ、よく悟りたまえ、よく悟りたまえ、悟らしめたまえ、悟らしめたまえ、よく悟らしめたまえ、よく悟らしめたまえ、あまねく清浄なるものよ、一切如来の必要なる神力によって加持された大印なるものよ、スヴァーハー。

（出典『現代密教講座』第四巻　羽毛田義人・頼富本宏著）

ご利益　一切の悪障を消し去り、救済してくれる

仏頂とは、仏の頭上にある肉髻《にくげい》のような仏頂髻（ウシュニーシャ）を神格化したもので、仏の頭にのみ見られ、ここから放たれる光によって一切の悪障を消滅させ、苦しみから救済してくれるといわれています。

仏頂尊は、この仏頂髻そのものに霊性があり、仏頂自体が如来であるとして信仰の対象となったものです。

この仏頂尊勝陀羅尼は、七世紀初めに訳された『仏頂尊勝陀羅尼経』と、八世紀に訳された『尊勝《そんしょう》仏頂修瑜伽法儀軌《ぶっちょうしゅうゆがほうぎき》』に収録される陀羅尼です。仏頂咒《ぶっちょうしゅ》、尊勝陀羅尼と略していう場合もあります。

特に曹洞宗ではよく読まれている陀羅尼です。僧侶の信施の罪（修行をおろそかにして無為に信者の布施を受ける罪）を消すともいわれています。

消災呪《しょうさいじゅ》（消災吉祥陀羅尼《しょうさいきっしょうだらに》）

陀羅尼

ノーモー サンマンダー モトナン オアハラーチー コタシャー ソノナン。トージートー。エン ギャーギャー ギャーキーギャーキー ウンヌン（ウンウン）シフラー シフラー ハラシフラー ハラシフラー チシッタ チシッタ シッチリ シッチリ ソハジャー センチーギャー シリエー ソモコー。

訳

あまねく諸仏と無上の諸教誡《きょうかい》に帰依したてまつる。殊には、ああ、虚空よ、虚空よ、消滅したまえ、消滅したまえ。まさに然り。照燿したまえ。照燿したまえ。速やかに広く照燿したまえ。速やかに発起したまえ。諸星よ。速やかに出現せよ。息災祥光のために成就あれ。

（出典　坪内龍雄『真言陀羅尼』平河出版社）

ご利益 悪い星の運勢を除き、良い星の運勢を引き寄せる　招福

消災咒は消災吉祥陀羅尼の略で、正式な名称は『仏《ぶっ》説《せつ》熾《し》盛《じょう》光《こう》大《だい》威《い》徳《とく》消《しょう》災《さい》吉《きっ》祥《しょう》陀《だ》羅《ら》尼《に》』といいます。大正蔵経の中で説かれている陀羅尼の一つです。

インドで古来より研究されてきた七星、九曜、十二宮、二十八宿を基にした天文学や占星術の知識を仏教が取り入れたものです。

この陀羅尼は、インドから中国に渡った不空によって八世紀中頃に漢訳され、日本では主に禅宗で唱えられています。

消災咒は災いを除くために星に祈る咒とされます。この咒を唱えれば大威徳の光明により、それぞれの命運の災いが消え、吉祥が現れて幸せな運勢に変えてくれるとされます。

胎蔵曼荼羅の基本構造

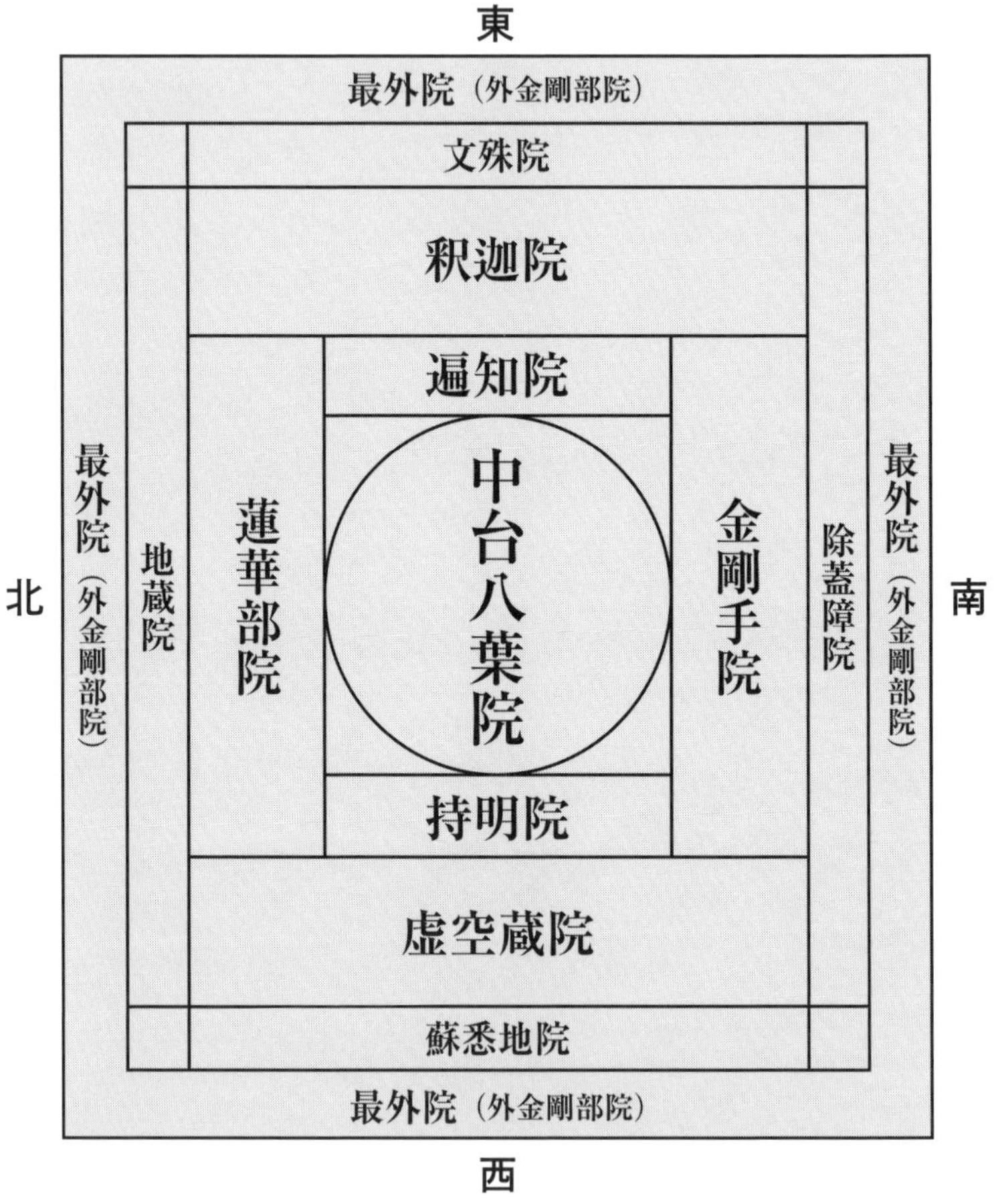

＊胎蔵曼荼羅は正しくは大悲胎蔵曼荼羅といいます。胎蔵界曼荼羅を用いない場合もありますが、一般的には金剛界に対して胎蔵界とあわせて両界曼荼羅とし、美術的にも胎蔵界を用います。本文解説でも胎蔵界曼荼羅を使用しています。

金剛界曼荼羅の基本構造

		西		
	四印会	一印会	理趣会	
南	供養会	成身会	降三世会	北
	微細会	三昧耶会	降三世三昧耶会	
		東		

第二章　覚えておきたい真言とご利益

1　願いをかなえてくれる真言

延命　健康長寿

普賢延命菩薩　オン　バザラ　ユセイ　ソワカ
日光菩薩　オン　ソリヤ　ハラバヤ　ソワカ
不空羂索観音菩薩　オン　アボキャビジャヤ　ウン　ハッタ
軍荼利明王　オン　アミリティ　ウン　ハッタ

病気治癒

薬師如来　オン　コロコロ　センダリ　マトウギ　ソワカ
薬王菩薩　オン　バイセイジャ　アランジャヤ　ソワカ
楊柳観音菩薩　オン　バザラタラマ　ベイサジャ　ラジャヤ　ソワカ
妙見菩薩　オン　ソジリシュタ　ソワカ
阿閦如来　オン　アキシュビヤ　ウン

商売繁盛　仕事運

恵比寿　オン　インダラヤ　ソワカ

増長天　オン　ビロダカ　ヤキシャジハタエイ　ソワカ

荼吉尼天　ノウマク　サンマンダ　ボダナン　キリカ　ソワカ

開運出世

梵天　ノウマク　サンマンダ　ボダナン　ボラカンマネイ　ソワカ

不空成就如来　オン　アボキャ　シッデイ　アク

戦いに勝つ　勝負運

不動明王　ノウマク　サンマンダ　バザラダン　カン

大威徳明王　オン　シュチリ　キャラ　ロハ　ウン　ケン　ソワカ

毘沙門天　ノウマク　サンマンダ　ベイシラマンダヤ　ソワカ

摩利支天　オン　マリシエイ　ソワカ

経済的に豊かになる

宝生如来　オン　アラタンノウ　サンバンバ　タラク

持世菩薩　オン　バソ　ダレイ　ソワカ

如意輪観音菩薩　オン　ハンドメイ　シンダマニ　ジンバラ　ウン
帝釈天　ノウマク　サンマンダ　ボダナン　インダラヤ　ソワカ
大黒天　オン　マカキャラヤ　ソワカ

人間関係が良くなる

仏眼仏母　ノウマク　サンマンダ　ボダナン　オン　ボダ　ロシャニ　ソワカ

美しくなる

不空羂索観音菩薩　オン　アボキャビジャヤ　ウン　ハッタ
吉祥天　オン　マカシリエイ　ソワカ

芸能　技能の上達

弁財天　オン　ソラソバテイエイ　ソワカ

受験　学業成就

虚空蔵菩薩　オン　バザラ　アラタンノウ　オン　タラク　ソワカ
文殊菩薩　オン　ア　ラ　ハ　シャ　ノウ

縁結び　恋愛成就

愛染明王　オン　マカラギャ　バゾロ　シュニシャ　バザラ　サトバ　ジャク　ウン　バン　コク
五秘密菩薩　オン　マカソギャ　バザラサトバ　ジャク　ウン　バン　コク　ソラタストバン
大自在天　オン　マケイシバラヤ　ソワカ

夫婦仲が良くなる

聖天　オン　キリク　ギャク　ウン　ソワカ
大自在天　オン　マケイシバラヤ　ソワカ

女性の守護

普賢菩薩　オン　サンマヤ　サトバン
准胝観音菩薩　オン　シャレイ　シュレイ　ジュンテイ　ソワカ

子供の守護

地蔵菩薩　オン　カカカ　ビサンマエイ　ソワカ
訶梨帝母（鬼子母神）　オン　ドドマリ　カキテイ　ソワカ

子授け　安産

如意輪観音菩薩　オン　ハンドメイ　シンダマニ　ジンバラ　ウン

大随求菩薩　オン　バラバラ　サンバラ　サンバラ　インダリヤ　ビシュダネイ　ウン　ウン　ロロ　シャレイ　ソワカ

白衣観音菩薩　オン　シベイテイ　シベイテイ　ハンダラ　バシニ　ソワカ

烏枢沙摩明王　オン　クロダノウ　ウン　ジャク

交通安全

馬頭観音菩薩　オン　アミリト　ドハンバ　ウン　ハッタ　ソワカ

旅行安全

摩利支天　オン　マリシエイ　ソワカ

水難防止

水月観音菩薩　オン　ビシュダハンドマ　サトバケイタ　ソワカ

災い除け　苦難除去

十一面観音菩薩　オン　ロケイ　ジンバラ　キリク（根本真言）

観自在菩薩　オン　アロリキャ　ソワカ
千手観音菩薩　オン　バザラ　タラマ　キリク　ソワカ
蔵王権現　オン　バキリュ　ソワカ

心の安定　平和

弥勒菩薩　オン　マイタレイヤ　ソワカ
勢至菩薩　オン　サン　ザン　ザン　サク　ソワカ
月光菩薩　オン　センダラ　ハラバヤ　ソワカ

煩悩を消し悟りに導く

阿閦如来　オン　アキシュビヤ　ウン
宝幢如来　ノウマク　サンマンダ　ボダナン　ラン　ラク　ソワカ
金剛薩埵菩薩　オン　バザラサトバ　アク
転法輪菩薩　オン　バザラ　シャキャラ　ウン　ジャク　ウン　バン　コク
般若菩薩　オン　ヂク　シュリ　シュロタ　ビシャエイ　ソワカ

死者の供養

地蔵菩薩　オン　カカカ　ビサンマエイ　ソワカ

十三仏の真言（第二章3　179頁参照）
光明真言（第一章　156頁参照）

安らかな死を迎える　極楽浄土にいける

阿弥陀如来　オン　アミリタ　テイゼイ　カラ　ウン
尊勝仏頂尊　オン　アミリタ　テイジャパチ　ソワカ
除悪趣菩薩　ノウマク　サンマンダ　ボダナン　ドボウシャナン　アビュダランジ　サトバトン　ソワカ
十一面観音菩薩　オン　ロケイ　ジンバラ　キリク（根本真言）

あらゆる悩みに応えてくれる

大日如来　オン　バザラダト　バン（金剛界）
ノウマク　サンマンダ　ボダナン　アビラウンケン（胎蔵界）
観自在菩薩　オン　アロリキャ　ソワカ
千手観音菩薩　オン　バザラ　タラマ　キリク　ソワカ
不動明王　ノウマク　サンマンダ　バザラダン　カン（一字咒）

2　一人ひとりの守護本尊となる干支の真言

子《ね》年生まれの人
千手観音菩薩　　オン　バザラ　タラマ　キリク　ソワカ

丑《うし》・寅《とら》年《どし》生まれの人
虚空蔵菩薩　　オン　バザラ　アラタンノウ　オン　タラク　ソワカ

卯《う》年生まれの人
文殊菩薩　　オン　アラ　ハ　シャ　ノウ

辰《たつ》・巳《み》年生まれの人
普賢菩薩　　オン　サンマヤ　サトバン

午《うま》年生まれの人

勢至菩薩　オン　サン　ザン　ザン　サク　ソワカ

未《み》・申《さる》年生まれの人

大日如来　オン　バザラダト　バン（金剛界）

ノウマク　サンマンダ　ボダナン　アビラウンケン（胎蔵界）

酉《とり》年生まれの人

不動明王　ノウマク　サンマンダ　バザラダン　カン

戌《いぬ》・亥《い》年生まれの人

阿弥陀如来　オン　アミリタ　テイゼン　カラ　ウン

3　亡くなった人を供養する十三仏の真言

不動明王（初七日忌《しょなのかき》）

ノウマク　サンマンダ　バザラダン　カン

釈迦如来（二七日忌《ふたなのかき》）

ノウマク　サンマンダ　ボダナン　バク

文殊菩薩（三七日忌《みなのかき》）

オン　ア　ラ　ハ　シャ　ノウ

普賢菩薩（四七日忌《よなのかき》）

オン　サンマヤ　サトバン

地蔵菩薩（五《ご》七《なの》日《か》忌）

オン　カカカ　ビサンマエイ　ソワカ

弥勒菩薩（六《む》七《なの》日《か》忌）

オン　マイタレイヤ　ソワカ

薬師如来（七《なな》七《なの》日《か》忌）

オン　コロコロ　センダリ　マトウギ　ソワカ

観自在菩薩（百日忌）

オン　アロリキャ　ソワカ

勢至菩薩（一周忌《いっしゅうき》）

オン　サン　ザン　ザン　サク　ソワカ

阿弥陀如来（三回忌）

オン　アミリタ　テイゼン　カラ　ウン

阿閦《あしゅく》如来（七回忌）
オン　アキシュビヤ　ウン

大日如来（十三回忌・十七回忌・三十七回忌）
オン　バザラダト　バン（金剛界）
ノウマク　サンマンダ　ボダナン　アビラウンケン（胎蔵界）

虚空蔵菩薩（三十三回忌）
オン　バザラ　アラタンノウ　オン　タラク　ソワカ

4 福をもたらす七福神の真言とご利益

七福神とは、福徳をもたらす神として日本で古くから信仰されてきた七柱の神々のことで、一般に恵比寿《えびす》、大黒天《だいこくてん》、毘沙門天《びしゃもんてん》、弁財天《べんざいてん》、福禄寿《ふくろくじゅ》、寿老人《じゅろうじん》、布袋《ほてい》の七神とされます。寿老人が福禄寿と同体であるとも考えられ、寿老人の代わりに吉祥天《きっしょうてん》か猩々《しょうじょう》（古典に記された伝説の動物）を含めることもあります。

七福神の神々は、仏教、ヒンドゥー教、道教、神道など由来もさまざまで性格も異なります。

恵比寿は七福神の中で唯一日本由来の神で、イザナミとイザナギの最初の子である蛭子《ひるこ》であるとされています。

大黒天はインドのヒンドゥー教のシヴァ神の化身であるマハーカーラ神とされ、日本で大国主命《おおくにぬしのみこと》と習合されました。

毘沙門天の前身はヒンドゥー教の戦の神であるクベーラ神とされます。

弁財天はヒンドゥー教の女神であるサラスヴァティー神とされます。

福禄寿と寿老人はともに道教の神で、南極星の化身で同一の神とされることもあります。

布袋は唐に実在したといわれる中国仏教の禅僧です。弥勒菩薩の化身との説もあります。

個々に崇拝されてきた神々が七福神として称されるようになったのは、室町時代末期のことで、近世以降七福神詣でが盛んになり、現代でも七福神信仰は続いています。

七福神

恵《え》比《び》寿《す》

真言　オン　インダラヤ　ソワカ

ご利益　商売繁盛　漁業の守護

大《だい》黒《こく》天《てん》

真言　オン　マカキャラヤ　ソワカ

ご利益　財福　食物　台所の守護

毘《び》沙《しゃ》門《もん》天《てん》

真言　ノウマク　サンマンダ　ベイシラマンダヤ　ソワカ

ご利益　財福　戦勝

弁《べん》財《ざい》天《てん》

真言　オン　ソラソバテイエイ　ソワカ

ご利益　財福　音楽　弁舌　智慧など技芸の守護

福《ふく》禄《ろく》寿《じゅ》

真言　ウン　ヌン　シキ　ソワカ

ご利益　長寿　幸福

寿《じゅ》老《ろう》人《じん》

真言　ウン　ヌン　シキ　ソワカ

ご利益　長寿　幸福

布《ほ》袋《てい》

真言　オン　マイタレイヤ　ソワカ

ご利益　財福

第三章　真言の基礎知識

1　真言のはじまり

真言は聖なる言葉

日本では昔から、言葉は伝達手段であるだけでなく、言葉そのものに霊的な力が宿るという「言《こと》霊《だま》」の思想がありました。聖なる言葉は、災いを除けたり幸運をもたらすことができる、と信じられてきたのです。真言はまさに言霊が宿る特別な言葉といえます。

私たちは初詣でとか厄除け祈願や法事あるいは古寺巡りなどで、おりにふれて神社仏閣を訪れる機会があります。そんな時、境内で真言が書かれた貼り紙や、真言が彫られた石碑などを目にすることがあるかもしれません。

真言というと、仏教の専門家でもなければ普段はあまり縁がないように思われがちですが、古来より治病・延命・追善・極楽往生などの祈願の際には、宗派を超えて真言が必ず唱えられてきました。真言は長い間、日本人の祈りの場面になくてはならない存在であったといえるでしょう。

現在、日本で唱えられているお経のほとんどは、インドの経典が中国を経由して日本に伝わったものです。経典とは、釈迦の説いた教えを記録した書物のことです。

釈迦は説教の内容を文書化することを禁じていたため、教えは弟子たちの記憶により保持され、口伝によって伝承されていました。しかし、釈迦の入滅後二百年ほど経って、教えの内容を正しく記録し伝えていく必要から、文字に書き写されるようになり、経典が生まれました。

その後、初期の仏教は上座部仏教と大乗仏教に枝分かれしていきます。

インドから中国に導入されたのは大乗仏教の経典で、経典の文字には当時のインドの教養語であったサンスクリット語が使われていました。

経典には「お経」の部分と「真言」の部分があって、経典が漢訳されるとき、「お経」の部分は漢字に訳されましたが、「真言」の部分は、サンスクリット語の発音がそのまま音写されました。

その理由は、真言が呪文であり聖なる仏《ほとけ》の言葉であるため、漢語に置き換えることができないとされたからです。それで便宜的にインドの原語に漢字の音をあてはめたのです。

お経は仏教の教えや規律を論理的に記している文章で、訳したり解読することも可能ですが、真言は神仏に呼びかける呪句であり、論理的な解釈を求めることは無意味です。音そのものに霊的な力が宿っているので、原音のまま唱えることで、言葉のもつ呪力により功徳が得られるとされています。

例をあげると、『般若心経』の最後の部分「羯諦羯諦　波羅羯諦　波羅僧羯諦　菩提薩婆訶（ギャーテーギャーテー　ハラギャーテー　ハラソウギャーテー　ボジソワカ）」は真言です。

そのため、この部分だけは訳さず、原文のサンスクリット語をそのまま音写しています。

真言とは何か

「真言」は、サンスクリット語（梵語）の「マントラ」の訳語です。マントラの本来の意味は「思考するための手段」です。インドのバラモン教最古の聖典『リグ・ヴェーダ』の呪句をさす言葉として使われていたようです。ヴェーダとは神に祈るために唱える聖句のことです。

マントラを最初に「真言」という漢字に意訳したのは、善無畏三蔵《ぜんむいさんぞう》法師といわれています。仏教の経蔵・律蔵・論蔵の三蔵に精通し、インドや西域から経典を中国に持ち込んで漢訳した訳経僧のことを「三蔵法師」という尊称で呼びますが、善無畏三蔵法師もその一人です。

真言には、「真実の言葉」、「秘密の言葉」という意味があり、仏・菩薩の教えや功徳が秘められた呪文のことです。「咒《しゅ》」、「呪《しゅ》」、「神呪《しんじゅ》」、「蜜呪《みつじゅ》」、「密言《みつげん》」、「明呪《みょうじゅ》」などとも呼ばれます。

一般的に語句の短いものを真言、長めのものを陀羅尼《だらに》、一、二文字のものを種字と分ける場合が多いのですが、中には短い陀羅尼もあります。

陀羅尼の元来の意味は「保持《ほじ》」、「記憶」です。漢訳では、記憶して忘れないという意味の「総持《そうじ》」と表します。釈迦を讃える言葉を繰り返し唱えることによって、釈迦の教えを記憶し保持して、これを世に伝えるための定型句として用いられてきました。

善無畏三蔵法師と並ぶ四大訳経家の一人、不空《ふくう》三蔵法師によれば、陀羅尼と真言は本質的には同じもので、特に区別しなくてもよいとしています。

空海が開祖である「真言宗」の名前の由来は、この「真言」からきています。空海が自宗を真言宗と名づけたことは、空海がいかに真言を重要視したかがうかがえます。

密教では、真言は宇宙の根本原理である大日如来の言葉であり、真実そのものであるとされます。教えの究極の目的は即身成仏を達成することですが、そのための修行である三密行のうちの口密《くみつ》行が、真言を唱えることです。真言を繰り返し詠唱して念じることで、大日如来と一体となり悟りを得ることができるとされています。

「真言は不思議なり。観誦すれば無明《むみょう》を除く、一字に千理を含み、即身に法如《ほうにょ》を証す」

空海は、『般若心経秘鍵《はんにゃしんぎょうひけん》』の中でこのように記しています。

仏・如来を観想しながら真言を唱えれば、無知の闇が除かれる、一文字の真言の中にははかり知れないほどの多くの真理を含み、この身体このままで悟りを得ることができる、と空海は説いています。

真言の起源

真言（マントラ）の起源は古く、釈迦が仏教を始める以前に、インドでは民衆の間にバラモン教の呪文が浸透していました。

バラモン教は、紀元前千五百年頃に西北インドに進出して、インドを支配していたアーリヤ人が信仰していた宗教です。紀元前八百年頃に最盛期を迎えましたが、紀元前五百年頃になるとバラモン教への批判が高まり、新しい思想が次々と生まれました。釈迦の説いた仏教もその一つです。初期仏教の仏弟子たちはバラモン階級の出身者も多かったといわれています。

釈迦の生きていた時代にも、パリッタと呼ばれる毒蛇除けや除災・護身の呪文がさかんに唱えられていたとされ、今でもスリランカ、タイ、ミャンマーなどの南伝仏教の国々ではこのパリッタが用いられています。

もともと釈迦は呪文や呪術的な行ないを禁止していました。釈迦の教えにしたがって生き、自らが悟りの境地を目ざすことが仏教の目的であって、呪術的な力に頼ることは本来の教えに反する行為であると考えられたのです。

しかし、仏教をもっと広い地域で民衆の中に浸透させていくためには、すでに定着していた世俗の習慣や、それぞれの地域の信仰も柔軟に取り入れていく必要があり、古くからあった護身の呪文パリッタが仏教に取り入れられるようになりました。

仏教が勢力を拡大していた紀元前後になると、バラモン教から派生したヒンドゥー教が成立し、民衆の支持を集めるようになりました。

ヒンドゥー教は、バラモン教のヴェーダ聖典やカースト制度を引き継いで、先住民族のさまざまな信仰を融合させて生まれた多神教の教えです。神にマントラをささげ、息災や救済を得るという実践的で現世利益重視の教えで、呪術や儀礼を重んじる宗教です。

仏教が生き残っていくために、民衆に受け入れられやすいヒンドゥー教のマントラを唱える習慣も取り入れられました。多神教のヒンドゥー教の影響を受けて、インド古来の神が仏教に取り入れられるようになり、仏法の護法神となった天部の神々など多数の仏尊が生まれました。

大乗仏教から密教へ

仏教に呪文や呪術的要素が多く取り入れられるようになり、やがて、あらゆる衆生を救うことを目的とした大乗仏教が誕生しました。

仏教教団の歴史の中で、仏教は多くの部派に分かれていきますが、それらの部派仏教に反発して登場したのが大乗仏教です。

「大乗」というのは、多くの人を乗せて救う乗り物のたとえで、利他の行ないにより、出家・在家をとわずすべての人々が救われる教えを説く仏教です。サンスクリット語の経典とともに中国に伝わり、朝鮮半島から日本へと北上ルートで伝わったので、「北伝仏教」と呼ばれています。

中国から日本に伝えられた仏教は大乗仏教なのです。

一方、いわゆる小乗仏教と呼ばれる仏教派閥も広がりました。「小乗」というのは大乗仏教の側から批判的につけた呼び方で、「上座部仏教」というのが正式な名称です。

上座部仏教は、釈迦の教えや戒律を忠実に守りながら自分自身の解脱を目ざす仏教で、釈迦の肉声に近い言葉をまとめたパーリ語の経典とともに、スリランカ、ミャンマー、タイ、カンボジアなど東南アジア諸国に伝わりました。そのため「南伝仏教」と呼ばれています。

七世紀頃には、呪術的要素を取り入れてきた大乗仏教の中から、呪文や呪術的儀礼をより整理・体系化した密教が生まれ、チベット、中国、日本へと伝わっていきました。

それまでの真言・陀羅尼は、除災・招福のためのまじない的なものがほとんどでしたが、七世紀以降の密教では、真言の現世利益は認めながらも、悟りを得るための修行的な目的が強化されていきました。前者の密教は雑密《ぞうみつ》、後者は純密《じゅんみつ》と呼ばれます。

雑密とは、さまざまな呪文が雑多に仏教に取り入れられた初期の密教です。のちにそれらを体系化し整理した密教が純密です。純密の成立は、後期大乗仏教の時代で、『大日経』と『金剛頂経』の成立した七世紀中頃といわれています。

本格的な密教は空海によってもたらされました。わが国で密教といえば、純密のことをいいます。

2　日本仏教と真言の歴史

仏教伝来と真言

真言はいつごろ日本に伝えられたのでしょうか。

おそらく正式な仏教伝来よりも以前に、渡来人たちによって雑密の経典や仏像が請来されており、真言も少なからず伝わっていたと考えられます。

日本に公式に仏教が伝わったのは六世紀の中頃のことです。五三八年（五五二年ともいわれている）に、朝鮮半島で覇権を争っていた百済の聖明王が日本に援助を求めて、欽明天皇に経典や釈迦仏金銅像を献上したことが記録されています。

その後、仏教をめぐり宮廷を二分する激しい争いが起こります。外来の神である仏教を取り入れようとする崇仏派の蘇我氏と、日本古来の国神の怒りを恐れて、日本の神信仰を守ろうとする廃仏派の物部氏の勢力との抗争です。

やがてこの争いは蘇我氏が勝利し、仏教が公認されます。仏教が受け入れられた背景には、大乗仏教の呪術的な功力が歓迎されたこともあったと考えられます。

そして蘇我氏の子孫である聖徳太子の時代（飛鳥時代）に、日本の仏教の基礎が築かれます。聖徳太子は仏教思想を反映した「十七条憲法」を制定したほか、法隆寺や四天王寺の建立、わが国初めての仏教の注釈書である『三経義疏《さんぎょうぎしょ》』を著すなど、仏教の興隆に多大な貢献をしました。

奈良時代になると、聖武天皇は仏教の加護による鎮護国家への歩みをさらに進めました。日本各地に国分寺や国分尼寺が造られ、仏教布教の拠点となりました。その総本山が奈良の東大寺であり、本尊は奈良の大仏として知られる毘盧遮那仏です。

奈良時代には唐から仏教の経典や注釈書が輸入され、南都六宗《なんとろくしゅう》（三論宗・成実宗・法相宗・倶舎宗・華厳宗・律宗）が栄えます。これは宗派というより、仏教の研究を中心とした仏教学派と呼べるものでした。

平安時代に入り、九世紀のはじめに遣唐使として唐に渡った最澄はのちに天台宗を開きます。純密を日本に初めて紹介したのは最澄ですが、唐から請来した経典などが一部にとどまったため、空海によって純密としての密教が本格的に日本に広まりました。

空海が開いた真言密教の加持祈祷や真言を用いた数々の修法は、今日ほとんどの宗派に取り入られており、どの宗派にも少なからず密教の影響が見られます。

真言（陀羅尼）は、真宗を除いて天台宗、浄土宗、臨済宗、曹洞宗、日蓮宗で、それぞれの宗派によって特定の真言が勤行や祈祷の際に唱えられています。

空海と真言密教

空海は平安時代の八〇四年に唐に渡り、密教の根本道場の青龍寺で、真言宗第七祖の恵果阿闍梨《けいかあじゃり》に教えを受けて密教のすべてを習得します。密教の根本経典は、七世紀半ばに完成したとされる『大日《だいにち》経《きょう》』と『金剛頂経《こんごうちょうきょう》』ですが、空海はその両方の教義を恵果から授けられました。

空海は膨大な密教経典や法具などを携えて二年後に帰国し、高野山の金剛峯寺《こんごうぶじ》において真言宗を開き、本格的に密教を定着させました。

空海はのちに嵯峨天皇から東寺《とうじ》（教王護国寺）を与えられ、この東寺を拠点に密教を広めたことから、真言宗の密教は東密と呼ばれています。

空海と同じ遣唐使船に乗って唐に渡った最澄は、天台山で法華経をもとにした天台宗の教えを授かり、帰国後比叡山に延暦寺を建立します。最澄の天台宗は、法華経にもとづく信仰・戒律・禅・密教の四つを総合した仏教です。すべての人に仏性があり、だれでも仏となって救われるという「悉有仏性《しつつぶっせい》」を説き、総合仏教として貴族など支配層の信仰を集めました。

最澄の伝えた天台宗の密教は、略して台密《たいみつ》と呼ばれています。

のちに最澄の弟子である円仁・円珍が入唐して密教をしっかりと学び、帰国後は天台密教の隆盛に貢献しました。

空海や最澄が唐で学んだきた密教は、当時の仏教思想の最先端をいくものでした。

真言という呪文を体系化した密教が日本に持ち込まれたこの時代、密教の世界観を通して新たな日本独自の仏教が生みだされました。そして、この潮流は鎌倉仏教や禅宗などの新仏教誕生へとつながっていきます。

密教と顕教《けんきょう》

密教とは、法身仏《ほっしんぶつ》である大日如来の秘密の教えという意味です。その反対に、この世に姿を顕《あらわ》した応身仏《おうじんぶつ》である釈迦如来が、経典などを秘密にせず顕にした教えのことを顕教といいます。これは空海が密教の優位性を伝えるために、密教とそれ以外の仏教とを区別したもので、密教側からみた呼び方といえます。

秘密の教えとは、真理そのもの、物事の本質のことです。それはあまりにも奥深いもので、容易に明かされるものではないので秘密とされます。

空海が著した『秘蔵宝鑰《ひぞうほうやく》』に「顕薬は塵《ちり》を払い、真言は庫《くら》を開く」という言葉があります。

顕教は、物事の表面にかかった塵やほこりを払ってきれいに見せてくれるものです。一方、真言は表面的なことではなく、真実を秘めた庫を開いてその奥にある本質をみせてくれるものだというのです。これは密教と顕教の違いを表しており、真言の本質をわかりやすく伝えています。

顕教では、悟りに至るためには経典を学び、修行し、善い行ないをして輪廻転生《りんねてんしょう》を繰り返した末に成就されるもので、とてつもない悠久の時間がかかると考えられていました。

しかし密教においては、大日如来の教えに従って修行することで、大日如来から直接真理を得られ、この世で生身のまま悟り（成仏）に至れる、すなわち即身成仏ができると説いています。

悟りは自分自身の中にあって、自分次第でこの世において成仏できるという教えは、死んでからでないと仏にはなれないと説くそれまでの仏教とは全く異なるものでした。

真言宗は、仏の言葉である真言の念誦や加持祈祷を通して、病気治癒、延命、息災などの現世利益をもたらしてくれるとして、貴族などの篤い支持を集めて広がりました。

三密行と真言

密教では、生きているこの身のままで成仏すること、すなわち即身成仏を教義の中心としています。そして即身成仏のための修行を「三密行」といいます。

三密とは、仏の身・口・意のことです。仏の身（体）・口（言葉）・意（心）の三つの行為は、人間の理解を超えているので秘密であるとして、三密とされます。

一方、人間の身・口・意は三業といいます。

手に印を結び（身密）、口に真言を唱え（口密）、心に本尊を観念する（意密）という、身体と言語と意識からなる三つの行為を人間が実践することによって、三業は三密と同等となって仏と一体となり、即身成仏できるとされます。これを三密加持《さんみつかじ》といいます。

「加持」とは、修法を行なうとき、祈願者の願いをかなえようとする仏の力が「加わる」ことと、祈願者がその仏の加護を受け止めて「持とう」とする双方の力が働いて、はじめて修法が完遂されるということです。

真言宗の加持祈祷は、護摩壇を築き、そこに本尊を招いて供養するという護摩供養などの修法によって行なわれます。

三密の中でも重要な意味をもつのが真言です。真言は口密にあたります。真言の一字一句に諸仏の聖なる力が込められているとされ、諸仏の真言を口にすることで、その神秘的な力を授かることができます。

三密行は僧侶でなければできない専門性の高い修行であると考えられていますが、一般の人々でもできる方法もあります。

真言を心の中で唱えることはいつでもできますし、祈願する仏の名号《みょうごう》や姿を思い浮かべ、その仏の印を指で結び、真言を唱えて仏と心を通じさせれば、自分なりの三密行となるのではないでしょうか。

多種多様な仏が生まれた理由

釈迦の在世中には、仏といえば釈迦一人のことをさしていました。釈迦は自らを神格化することを戒めていたため、亡くなって数百年も経ってから、礼拝の対象としての釈迦像が造られはじめたといいます。

その後、大乗仏教が成立し拡大していく中で、人々の苦しみを救済するために数多くの仏尊や経典が生まれました。衆生一人ひとりの苦しみや悩みに対応し救済するために、それぞれの求めにふさわしい仏がいると考えられたのです。

釈迦は人々に説法する際に、相手の性質や能力に応じた方法で教えを説いたといわれており、これを「対機説法《たいきせっぽう》」と呼びます。たとえていうと、病に応じた薬が与えられるという応病与薬の方法となります。こうした釈迦の考えがもとになり、人々の多様な願いにもれなく応えて救うために、多種多様の仏尊が生まれたとされます。

仏の世界は、上から「如来」、「菩薩」、「明王」、「天」の階層に分かれています。

悟りを得た者、真理に目覚めた者である仏陀としての「如来」を頂点に、悟りを得て仏陀となる資格をもっているのに、あえて菩薩のまま衆生を救おうとする求道者としての「菩薩」、如来の化身として、威嚇《いかく》してでも人を迷いから救おうとする「明王」、インド土着の神々が仏教に取り入れられ仏教の護法神となった「天部」など、多種多様な仏尊が考えられました。

大乗仏教がインドから中国を経て日本に伝えられた飛鳥時代には、如来をはじめ菩薩、天部など数々の仏が存在していました。明王については、少し遅れて平安時代に密教とともに日本に伝えられました。

密教では、真理そのものを体現する法身仏である大日如来の秘密の教えであり、すべての諸尊は大日如来の化身であると考えられています。ただ、法身仏として神格化された存在である大日如来をわれわれが感じとることは難しいので、人々を教化し救済するために大日如来がさまざまな仏の姿に化身して衆生の前に現れるのです。これを輪身《りんしん》と呼びます。

輪身には、真理の本体である如来の身を「自性輪身《じしょうりんしん》」、教えを優しく説いて衆生を救おうとする菩薩の身を「正法輪身《しょうぼうりんしん》」、菩薩の説法だけでは悟れない不心得者を、忿怒《ふんぬ》の表情で威嚇し教えに従わせて救済する明王の身を「教令輪身《きょうりょうりんしん》」といいます。

こうした如来・菩薩・明王・天のすべての尊格に真言があります。それぞれの真言を唱えることで、その尊格に備わる霊力がはたらき、仏と一体となり、仏の加護がもたらされるといわれています。

あらゆる諸尊は法身である大日如来の顕現《けんげん》であるとする密教では、諸尊の真言も大日如来の真実の言葉となります。

3　真言をもっと知るために

翻訳不能のルール、五種不翻《ごしゅふほん》とは

唐の玄奘三蔵法師は、六百以上の経典をインドから中国に持ちかえったといわれ、『大唐西域記』を著した優れた翻訳者です。『西遊記』のモデルになったことでも知られています。

日本でも広く親しまれている『般若心経』は、玄奘訳のものが多く用いられています。

玄奘三蔵法師がサンスクリット語の仏教経典を漢訳する際に、翻訳不能であるために、原文のサンスクリット語をそのまま音写して発音するように定めた五種類の言葉があります。

これを五種不翻といい、玄奘三蔵法師以降の翻訳の際にこのルールが適用されてきました。

一　秘密（悟りの内容）のために訳さないもの。誰に対しても説けるものではなく、修行をした者のみ伝えられるもの。たとえば、陀羅尼のような秘密の言葉。

二　意味が多すぎて訳せないもの。たとえば、薄伽梵《ばがぼん》のように多くの意味を含む言葉。薄伽梵とは、サンスクリット語の「バガバット」を音写したもので、仏教用語で釈尊の尊称で、世尊と訳します。他にインドで仙人や貴人、先生に対して用いる呼称でもあり、薄伽梵は多くの意味を含んでいます。

三　中国に存在しなかったので訳さないもの。たとえば、閻浮樹《えんぶじゅ》のような中国にない言葉。閻浮樹は、インド各地に自生する深紫色の果実をつける落葉樹（ジャンブー樹）のこと。また、須弥山周囲にあるという四つの大陸の一つ（閻浮提）の大森林の中にある想像上の大木ともいわれています。

四　先例に従って訳さないもの。たとえば、阿耨多羅三藐三菩提《あのくたらさんみゃくさんぼだい》のように先例のある言葉。阿耨多羅三藐三菩提とは、仏の最高の悟りのこと。「無上正覚《むじょうしょう》」、「無上正等覚」とも表されます。

五　聖なる言葉の響きを尊重して訳さないもの。たとえば、般若という言葉の響きは深みがあるが、これを智慧と訳したのではその深みが表現しきれない。

このように、真言や陀羅尼の部分は聖なる音として尊重し、訳出しないというのが五種不翻の不文律です。

それだけに、玄奘三蔵をはじめとして訳経僧たちは、できうるかぎり正確に音写するために非常に苦心したと思われます。似たような発音の原音でも微妙な違いがあり、それぞれを正しく表記するために、新しく漢字を作ってまで音写したと伝えられています。

真言でよく使われる言葉

真言や陀羅尼は、通常、句の前に「帰命句《きみょうく》」、句の最後に「成就句」が置かれます。

帰命句とは、サンスクリット語の namas の訳で、音写すると「南無」。「仏の救いを信じ、仏に身命を投げ打って帰依します」という意味になります。読み方は、仏教宗派によって異なり、「ノウマク」、「ノウボウ」、「ナウボウ」、「ナモー」などと読まれます。

「オン」も、真言の冒頭に置いて帰命の意を表す慣用句です。

成就句とは、真言や陀羅尼の末尾に用いて成就を願う聖語で、「成就あれ」という意味になります。「ソワカ」（スヴァーハー）が成就句にあたります。成就句は真言に必ず置かれるとはかぎらず、同じ真言であっても末尾に付けない場合もあります。

真言の呪句は、仏尊の「種字（種子）」からできているもの、仏尊の名前や密号（たとえば「遍照金剛」などの密教の灌頂名）からできているもの、仏尊の本誓とその功徳を讃えるもの、仏尊の三昧耶《さんまや》形《ぎょう》（密教で仏を表す象徴物・持物）を示す語からできているものなどがあります。

陀羅尼の構成は、冒頭に仏尊や三宝に帰依するという「宣言文」がきて、次に「即ち・曰く」などの言葉が入り、「帰命句」、「本文」、最後に「成就句」と続くのが一般的です。本文は、主に仏の誓願を示し、仏への呼びかけや讃える言葉からなります。

真言には次にあげるような、よく使われる聖音があります。

オン

漢訳で「唵」と書きます。密教系では「オン」、禅宗では「エン」と読まれます。真言の冒頭に置いて帰命の意を表す聖句です。オンの一言に、仏身の三種類のあり方である三身（法身《ほっしん》・報身《ほうじん》・応身《おうじん》）の意味が含まれているともいわれています。

ナウモ

漢訳で「南無」と書きます。「帰命する」、「敬礼する」の意味です。読み方は「ノウマク」、「ノウボウ」、「ナウマク」、「ナモー」、「ナウモ」などと宗派によって異なります。帰命句として真言・陀羅尼の冒頭に置きます。

ソワカ

漢訳で「薩婆訶」、「娑婆訶」、「莎訶」と書きます。読み方は、密教系では「ソワカ」、禅宗系では「ソモコ」。和訳は「成就あれ」、「めでたし」で、翻訳しないことも多いです。成就句として結びの聖句になります。バラモン教の女神「スヴァーハー」の名前に由来しているとされます。

ウン

漢訳で「吽《うん》」と書きます。読み方は「ウン」、「フーム」です。空海の『吽字義《うんじぎ》』によれば、吽字の字義は六義（擁護・自在能破・能満願・大力・恐怖・歓喜）あるとされます。字義は言葉の深奥の秘密の意味のことです。「吽」は梵字の最後の音であり、最初の音である「阿《あ》」とあわせて「阿《あ》・吽《うん》」の二字が一切の万物の根源と究極を象徴するとされます。「ウン・ハッタ」と続けて用いられる場合、「魔障を呵責叱咤《かしゃく》する声」と解釈されます。この部分は通常は翻訳しません。

サンマンダ

漢訳で「三曼多」、「糝曼多」と書きます。普遍・三世十方（無限の時間と間のこと）。「あまねく」などと和訳されることが多いようです。

ボダナン

漢訳で「勃駄喃」、「没駄喃」と書きます。諸仏、無量無数の諸仏、のことです。

ハッタ・ハット

漢訳で「発吒」と書きます。魔障を叱咤する、魔障を破壊する、敵を調伏させるときの声、感情を表しています。明王などの忿怒尊の真言に多く用いられます。この部分は通常は翻訳しません。

フリーヒ

フリーヒは「紇哩」と漢訳されます。種字のキリーク（キリク）のことです。阿弥陀如来の種字であり、密教においては阿弥陀如来の同体である観音菩薩の種字でもあります。末尾に置かれ、翻訳しない場合が多いです。

ボロン

サンスクリット語でブルーン。漢訳では「歩嚕唵」と書きます。ボロンは一字金輪仏頂尊の真言です。如来が深い瞑想の境地に至ったときに説いた真言がボロンの一字だといわれています。菩提心を発し、罪障を消滅し、心から喜ばしく、一切諸法皆空で、あらゆる妨げのない虚空のごとく清浄である、ということを意味しています。

バザラタラマ

漢訳で「斡資羅塔羅麻」と書きます。バザラタラマとは、金剛法菩薩の呼称です。金剛法菩薩は、金剛界曼荼羅の西に位置する阿弥陀如来を囲む四菩薩のうちの一尊です。バザラは古代の武器である金剛のことで、決して壊れることのない堅牢さをもち、煩悩をも打ち砕く絶対的な威力があるとされ、仏の悟りの強固さを象徴しています。

ジャク ウン バン コク

この四句で単独の真言として「四明真言《しめいしんごん》」となります。別の真言の末尾に付けられることも多いです。漢訳は「惹」、「吽」、「鑁」、「斛」と書きます。四摂智明《ししょうちめい》ともいい、四句で四摂智菩薩の種字となります。四句の上から金剛鉤菩薩、金剛索菩薩、金剛鎖菩薩、金剛鈴菩薩をあらわしています。四菩薩は衆生を悟りに導く四つの方法（四摂）を象徴しており、金剛の鉤で引き寄せて、索（綱）でつないで、鎖でとどめ置き、鈴の音で心楽しませるという菩薩です。

種字《しゅじ》とは

種字は真言の一種で、一音節の呪文です。サンスクリット語（梵語）で表記されるので、梵字とも呼ばれます。各尊に、その仏を象徴する種字が備わっています。種字は種子字のことで、種子と表すこともあります。

種字は、サンスクリット語のシッタンの音写である悉曇《しったん》文字のことでもあります。シッタンとは「成就したもの」、「完成したもの」という意味です。その文字だけで発音できる母音のことをさしていましたが、やがてサンスクリット語の母音・子音のすべての字母を表すようになりました。

一字に無量の真理が含まれているとされ、植物の種から芽が出て草木が育つように、一字から仏の功徳が生みだされ育つということから、種字（種子）と名づけられたといわれています。

種字一字で仏尊の功徳を象徴し、密教の修法においては本尊となる仏を想起させるシンボルともなります。

種字は各尊を一字で表しているので、種字の読みを口にするだけで仏の功徳がもたらされると考えられています。

暮らしの中での真言の唱え方

意味はわからなくても、ひたすら唱える

真言には、古代インドのバラモン教やヒンドゥー教の呪文、地母神の名前などが含まれており、真言の翻訳にあたっては解読不能のものも少なくありません。読み方も、長らく口伝され筆写されていくうちに、原音から変化しているとも考えられます。

しかし、真言は意味を理解できなくても、読みぐせが多少異なっていても、その効力・霊力は絶大であることが伝えられています。真言密教の各宗では、言葉の意味をせんさくせずにひたすら唱えることを推奨しています。

聖なる言葉である真言を無心に唱えることが大切なのです。

何度も唱える

真言は数多く唱えることで心願成就がかなうといわれています。

たとえば、虚空蔵菩薩の真言を百日で百万回唱えると、完全な記憶力が得られるという『虚空蔵菩薩求聞持法』は、空海も修したことで有名です。このような行者による厳しい修行は別として、一般に真言を唱える回数は、三回、七回、百八回、千回などが多いようです。

自分なりに回数を決めて、できるだけ毎日続ける習慣にすることで、仏のご加護をより身近に感じられるようになるでしょう。日々、感謝の思いも忘れずに唱えたいものです。

身・口・意を清らかにして唱える

身・口・意とは、身（身体の行為）、口（言語表現）、意（心のはたらき）の三業（業は行為）のことです。密教では、仏の身・口・意は人間の理解の及ばない秘密であるとして「三密」とされます。身に印を結び、口に真言を唱え、意に本尊を観ずるとき、人間の三業は仏の三密そのものとなるので、仏と一体となるために三密行の修行が重要となるのです。

真言を唱えることは口密にあたります。一般の生活の中でも、この三密にならい、指で印を結び、心（意識）を無心にして真言を唱えることは可能です。

そこまで厳密にできなくても、願いごとをこめて真言を唱えるときは、自らも身体・口・心を清浄にして真言を唱えることを心がけましょう。

真言の力を信じて唱える

古来、真言は真言僧の行の一つとして唱えられるもので、師僧（阿闍梨）から弟子に秘密裏に伝授され、俗人に説くものではないとされてきました。しかし、今日では真言は出家者ではない一般の人々の間にも伝えられています。病気やお金、人間関係の問題など、あらゆる悩みごとを軽減してくれる「おまじない」的な言葉として、真言は人々の心のよりどころとして生き続けています。

仏前、瞑想中、朝や眠りにつく前など、いつでも真言を唱えることはできます。一切衆生を救うとされる仏・菩薩の真言の力を信じて、無心に唱えることで、仏の救いの手がさし伸べられるでしょう。

（註）

＊真言は、同じ仏尊でも、出典となる経典が異なると違うことがあります。

＊同一の仏尊で数種類の真言がある場合は、最も一般的に使われている真言を紹介しています。

＊同一の仏尊で種字が複数ある場合は、代表的なものを掲載しています。

＊同じ真言でも宗派によって読み方が違うこともあります。どれが正しいというものではないので、発音は各宗派ごとの読み方を優先してください。本書に掲載する読み方はあくまで一例です。

＊サンスクリット語の正確な発音を日本語で完璧に表記することは、ほぼ不可能だと考えられています。読み、和訳など、諸説ある中の一例として参考にしていただければよいでしょう。

巻末資料　諸仏像の所蔵寺院リスト

如来

大日如来像

興福寺　滋賀県東近江市五智町一一二
円成寺《えんじょうじ》　奈良県奈良市忍辱山町一二七三
金剛寺　大阪府河内長野市天野町九九六
教王護国寺（東寺）　京都府京都市南区九条町一（五仏像）
金剛峯寺《こんごうぶじ》　和歌山県伊都郡高野町高野山一三二

毘盧遮那仏像

東大寺　奈良県奈良市雑司町四〇六－一
戒壇院《かいだんいん》　福岡県太宰府市観世音寺五－六－一
唐招提寺　奈良県奈良市五条町一三－四六

釈迦如来像

東大寺　奈良県奈良市雑司町四〇六－一
法隆寺　奈良県生駒郡斑鳩町法隆寺山内一－一（釈迦三尊像）
金剛峯寺《こんごうぶじ》　和歌山県伊都郡高野町高野山一三二
白山神社・尾山釈迦堂　滋賀県長浜市高月町尾山
願興寺　岐阜県可児郡御嵩町御嵩一三七七－一
正福寺　滋賀県甲賀市甲南町杉谷二九二八
室生寺　奈良県宇陀市室生七八
清涼寺　京都府京都市右京区嵯峨釈迦堂藤ノ木町四六
西大寺　奈良県奈良市西大寺芝町一－一－五（東京国立博物館寄託）
獅子窟寺《ししくつじ》　大阪府交野市私市二三八七
安居院《あんごいん》（飛鳥寺《あすかでら》）　奈良県高市郡明日香村飛鳥六八二
金勝寺　滋賀県栗東市荒張一三九四

薬師如来像

仁和寺　京都府京都市右京区御室大内三三
神護寺　京都府京都市右京区梅ヶ畑高雄町五
獅子窟寺《ししくつじ》　大阪府交野市私市二三八七
法隆寺　奈良県生駒郡斑鳩町法隆寺山内一－一
唐招提寺　奈良県奈良市五条町一三－四六
薬師寺　奈良県奈良市西ノ京町四五七（薬師三尊像）
勝常寺　福島県河沼郡湯川村大字勝常字代舞一七三七
醍醐寺　京都府京都市伏見区醍醐醍醐東大路町二二
元興寺《がんごうじ》　奈良県奈良市中院町一一（奈良国立博物館寄託）
充満寺　滋賀県長浜市高月町西野
珀清寺《はくしょうじ》　滋賀県長浜市瓜生町

太田寺　滋賀県長浜市木尾町
真広寺　滋賀県米原市上多良三〇九
延暦寺　滋賀県大津市坂本本町四二二〇

阿弥陀如来像

平等院　京都府宇治市宇治蓮華一一六
浄土寺　兵庫県小野市浄谷町二〇九四（阿弥陀三尊像）
仁和寺　京都府京都市右京区御室大内三三
法隆寺　奈良県生駒郡斑鳩町法隆寺山内一-一
阿弥陀寺　滋賀県甲賀市甲賀町櫟野一一七三
吉祥寺　滋賀県蒲生郡竜王町大字岡屋一四九八
真如寺　滋賀県犬上郡多賀町多賀六六〇
西教寺　滋賀県大津市坂本五-十三-一
佛性寺　滋賀県野洲市乙窪一三四
西勝寺　滋賀県大津市真野谷口町九-十九
梵釈寺《ぼんしゃくじ》　滋賀県東近江市蒲生岡本町一八五
飯道寺《はんどうじ》　滋賀県甲賀市水口町三大寺
高徳院　神奈川県鎌倉市長谷四-二-二八
真木大堂　大分県豊後高田市田染真木一七九六
浄瑠璃寺　京都府木津川市加茂町西小札場四〇
西大寺　奈良県奈良市西大寺芝町一-一-五
教王護国寺（東寺）　京都府京都市南区九条町一（五仏像）
三千院　京都府京都市左京区大原来迎院町五四〇（阿弥陀三尊像）
延暦寺　滋賀県大津市坂本本町四二二〇
金剛峯寺《こんごうぶじ》　和歌山県伊都郡高野町高野山一三二

阿閦如来像

西大寺　奈良県奈良市西大寺芝町一-一-五（奈良国立博物館に寄託）
教王護国寺（東寺）　京都府京都市南区九条町一（五仏像）

宝生如来像

西大寺　奈良県奈良市西大寺芝町一-一-五
教王護国寺（東寺）　京都府京都市南区九条町一

不空成就如来像

教王護国寺（東寺）　京都府京都市南区九条町一（五仏

一字金輪仏頂尊像

中尊寺　岩手県西磐井郡平泉町平泉衣関二〇二（秘仏

菩薩

文殊菩薩像

慈恩寺　山形県寒河江市大字慈恩寺地籍三一番地
興福寺　奈良県奈良市登大路町四八番地
西大寺　奈良県奈良市西大寺芝町一-一-五
安部文殊院　奈良県桜井市阿部六四五

普賢菩薩像

圓證寺《えんしょうじ》　奈良県生駒市上町四七一三
常覚寺　奈良県五條市西吉野町黒渕一三二一

普賢延命菩薩像

法隆寺　奈良県生駒郡斑鳩町法隆寺山内一－一

地蔵菩薩像

勝常寺　福島県河沼郡湯川村大字勝常字代舞一七三七
蓮海寺《れんかいじ》　滋賀県草津市志那町九三六
法隆寺　奈良県生駒郡斑鳩町法隆寺山内一－一
観世音寺　福岡県太宰府市観世音寺五丁目六番一号
金勝寺　滋賀県栗東市荒張一三九四
正法寺　滋賀県大津市石山内畑町八二
六波羅蜜寺　京都府京都市東山区五条通大和大路上る東

弥勒菩薩像

比叡山延暦寺　滋賀県大津市坂本本町四二二〇
當麻寺《たいまでら》　奈良県葛城市當麻一二六三
慈尊院　和歌山県伊都郡九度山町慈尊院八三二
広隆寺　京都府京都市右京区太秦蜂岡町三二
興福寺　奈良県奈良市登大路町四八番地
東大寺　奈良県奈良市雑司町四〇六－一

勢至菩薩像

仁和寺　京都府京都市右京区御室大内三三
三千院　京都府京都市左京区大原来迎院町五四〇（阿弥陀三尊像）
長岳寺　奈良県天理市柳本町五〇八

観自在菩薩（聖観音）像

三千院　京都府京都市左京区大原来迎院町五四〇（阿弥陀三尊像）
佛法寺　滋賀県野洲市井ノ口五二四
比叡山延暦寺　滋賀県大津市坂本本町四二二〇
総持寺　滋賀県長浜市宮司町七〇八
青岸寺《せいがんじ》　滋賀県米原市米原六六九
満月寺　滋賀県大津市本堅田一－十六－十八
妙音寺　滋賀県甲賀市甲賀町小佐治二八八〇
観世音寺　福岡県太宰府市観世音寺五丁目六番一号
瀧山寺《たきさんじ》　愛知県岡崎市滝町山籠一〇七
延暦寺　滋賀県大津市坂本本町四二二〇

日光菩薩像

勝常寺　福島県河沼郡湯川村大字勝常字代舞一七三七
東大寺　奈良県奈良市雑司町四〇六－一
願隆寺　滋賀県甲賀市水口町松尾一一九〇

月光菩薩像

勝常寺　福島県河沼郡湯川村大字勝常字代舞一七三七
東大寺　奈良県奈良市雑司町四〇六－一
願隆寺　滋賀県甲賀市水口町松尾一一九〇

虚空蔵菩薩像

勝常寺　福島県河沼郡湯川村大字勝常字代舞一七三七
額安寺《かくあんじ》　奈良県大和郡山市額田部寺町三六（文化庁保管）
東大寺　奈良県奈良市雑司町四〇六－一
金勝寺　滋賀県栗東市荒張一三九四

大随求菩薩像

清水寺　京都府京都市東山区清水一丁目二九四

金剛薩埵菩薩像

教王護国寺（東寺）　京都府京都市南区九条町一

普賢延命菩薩像

法隆寺　奈良県生駒郡斑鳩町法隆寺山内一－一

妙見菩薩像

能勢妙見堂　大阪府豊能郡能勢町野間中六六一
法雲寺　兵庫県美方郡香美町村岡区村岡二三六五
本光寺　千葉県市川市大野町三－一六九五－一
妙見宮鷲頭寺《みょうけんぐうわしずでら》　山口県下松市中市一－一〇－一五

千手観音菩薩像

唐招提寺　奈良県奈良市五条町一三－四六
比叡山延暦寺　滋賀県大津市坂本本町四二二〇
神照寺　滋賀県長浜市新庄寺町三二三
日吉神社（赤後寺）　滋賀県長浜市高月町唐川
妙楽寺　福井県小浜市野代二八－一三
妙法院蓮華王院（三十三間堂）　京都府京都市東山区三十三間堂廻り町六五七
法性寺　京都府京都市東山区本町一六丁目三〇七
道成寺　和歌山県日高郡日高川町鐘巻一七三八
延暦寺　滋賀県大津市坂本本町四二二〇

十一面観音菩薩像

向源寺　滋賀県長浜市高月町渡岸寺八八
知善寺　滋賀県長浜市元浜町二九－一〇
千光寺　滋賀県甲賀市水口町嶬峨一六一三
櫟野寺《らくやじ》　滋賀県甲賀市甲賀町櫟野一三七七
長谷寺　神奈川県鎌倉市長谷三－一一－二
道明寺　大阪府藤井寺市道明寺一－一四－三一
葛井寺《ふじいでら》　大阪府藤井寺市藤井寺一丁目一六番二一号
室生寺　奈良県宇陀市室生七八
新薬師寺　奈良県奈良市高畑町一三五二（奈良国立博物館寄託）

馬頭観音菩薩像

徳圓寺　滋賀県長浜市西浅井町庄
観世音寺　福岡県太宰府市観世音寺五丁目六番一号

准胝観音菩薩像

黒田観音寺　滋賀県長浜市木之本町黒田一八一一
大報恩寺　京都府京都市上京区七本松通今出川上ル溝前町

不空羂索観音菩薩像

東大寺　奈良県奈良市雑司町四〇六－一
広隆寺　京都府京都市右京区太秦蜂岡町三二
観世音寺　福岡県太宰府市観世音寺五丁目六番一号
興福寺　奈良県奈良市登大路町四八番地

如意輪観音菩薩像

観心寺　大阪府河内長野市寺元四七五
東大寺　奈良県奈良市雑司町四〇六－一
中宮寺《ちゅうぐうじ》　奈良県生駒郡斑鳩町法隆寺北一－一－二

白衣観音菩薩像

竹林寺　高知県高知市五台山三五七七
慈眼院　群馬県高崎市石原町二七一〇－一

楊柳観音菩薩像

大安寺　奈良県奈良市大安寺二丁目一八－一
法輪寺　奈良県生駒郡斑鳩町三井一五七〇

水月観音菩薩像

東慶寺　鎌倉市山ノ内一三六七

蔵王権現像

金峯山寺《きんぷせんじ》　奈良県吉野郡吉野町吉野山
如意輪寺《にょいりんじ》　奈良県吉野郡吉野町吉野山一〇二四

明王

不動明王像

教王護国寺（東寺）　京都府京都市南区九条町一（五大明王）
金剛寺　大阪府河内長野市天野町九九六
弘憲寺　香川県高松市錦町二丁目四番二九号
新薬師寺　奈良県奈良市高畑町一三五二　奈良国立博物館寄託）
岩間山正法寺　滋賀県大津市石山内畑町八二
苗村神社《なむらじんじゃ》　滋賀県蒲生郡竜王町大字綾戸四六七
大覚寺　京都府京都市右京区嵯峨大沢町四（五大明王）
延暦寺　滋賀県大津市坂本本町四二二〇
園城寺（三井寺《みいでら》）　滋賀県大津市園城寺町二四六

降三世明王像

教王護国寺（東寺）　京都府京都市南区九条町一（五大明王）
金剛寺　大阪府河内長野市天野町九九六
真木大堂《まきおおどう》　大分県豊後高田市田染真木一七九六
大覚寺　京都府京都市右京区嵯峨大沢町四（五大明王）
延暦寺　滋賀県大津市坂本本町四二二〇

軍荼利明王像

教王護国寺（東寺）　京都府京都市南区九条町一（五大明王像）
金勝寺　滋賀県栗東市荒張一三九四

大覚寺　京都府京都市右京区嵯峨大沢町四（五大明王像）
延暦寺　滋賀県大津市坂本本町四二二〇

大威徳明王像

教王護国寺（東寺）　京都府京都市南区九条町一（五大明王像）
真木大堂《まきおおどう》　大分県豊後高田市田染真木一七九六
石馬寺　滋賀県東近江市五個荘石馬寺町八二三（五大明王像）
大覚寺　京都府京都市右京区嵯峨大沢町四
竹林寺　高知県高知市五台山三五七七
延暦寺　滋賀県大津市坂本本町四二二〇

金剛夜叉明王像

教王護国寺（東寺）　京都府京都市南区九条町一（五大明王像）
大覚寺　京都府京都市右京区嵯峨大沢町四（五大明王像）
延暦寺　滋賀県大津市坂本本町四二二〇

孔雀明王像

正暦寺　奈良県奈良市菩提山町一五七
金剛峯寺《こんごうぶじ》　和歌山県伊都郡高野町高野山一三二

愛染明王像

西大寺　奈良県奈良市西大寺芝町一-一-五
竹林寺　高知県高知市五台山三五七七
金剛峯寺《こんごうぶじ》　和歌山県伊都郡高野町高野山一三二
称名寺《しょうみょうじ》　神奈川県横浜市金沢区金沢町二一二一-一
園城寺《おんじょうじ》（三井寺《みいでら》）　滋賀県大津市園城寺町二四六

大元帥明王像

秋篠寺　奈良県奈良市秋篠町七五七
京善寺　大阪市東住吉区桑津三丁目二一-九
慈光院　富山県小矢部市西町五-六
田村神社　福島県郡山市田村町山中字本郷一三五

烏枢沙摩明王像

瑞龍寺《ずいりゅうじ》　富山県高岡市関本町三五

天部

梵天像

東大寺　奈良県奈良市雑司町四〇六-一
唐招提寺　奈良県奈良市五条町一三-四六
瀧山寺《たきさんじ》　愛知県岡崎市滝町字山籠一〇七
教王護国寺（東寺）　京都府京都市南区九条町一

帝釈天像

東大寺　奈良県奈良市雑司町四〇六-一
唐招提寺　奈良県奈良市五条町一三-四六
瀧山寺《たきさんじ》　愛知県岡崎市滝町字山籠一〇七

教王護国寺（東寺）　京都府京都市南区九条町一

毘沙門天（多聞天）像

教王護国寺（東寺）　京都府京都市南区九条町一（四天王像）
東大寺　奈良県奈良市雑司町四〇六−一（四天王像）
延暦寺　滋賀県大津市坂本本町四二二〇（四天王像）
興福寺　奈良県奈良市登大路町四八番地（四天王像像）
唐招提寺　奈良県奈良市五条町一三−四六（四天王像）
海住山寺《かいじゅうせんじ》　京都府木津川市加茂町例幣海住山境外二〇
（四天王像）
勝覚寺　千葉県山武市松ヶ谷（四天王像）
金勝寺　滋賀県栗東市荒張一三九四
鞍馬寺《くらまでら》　京都府京都市左京区鞍馬本町一〇七四
竹林寺　高知県高知市五台山三五七七
金剛峯寺《こんごうぶじ》　和歌山県伊都郡高野町高野山一三二（四天王像）

持国天像

教王護国寺（東寺）　京都府京都市南区九条町一（四天王像）
東大寺　奈良県奈良市雑司町四〇六−一（四天王像）
延暦寺　滋賀県大津市坂本本町四二二〇（四天王像）
興福寺　奈良県奈良市登大路町四八番地（四天王像）
唐招提寺　奈良県奈良市五条町一三−四六（四天王像）
海住山寺《かいじゅうせんじ》　京都府木津川市加茂町例幣海住山境外二〇
（四天王像）

金剛峯寺《こんごうぶじ》　和歌山県伊都郡高野町高野山一三二（四天王像）

広目天像

教王護国寺（東寺）　京都府京都市南区九条町一（四天王像）
東大寺　奈良県奈良市雑司町四〇六−一（四天王像）
延暦寺　滋賀県大津市坂本本町四二二〇（四天王像）
興福寺　奈良県奈良市登大路町四八番地（四天王像）
唐招提寺　奈良県奈良市五条町一三−四六（四天王像）
海住山寺《かいじゅうせんじ》　京都府木津川市加茂町例幣海住山境外二〇
（四天王像）
金剛峯寺《こんごうぶじ》　和歌山県伊都郡高野町高野山一三二（四天王像）

増長天像

教王護国寺（東寺）　京都府京都市南区九条町一（四天王像）
東大寺　奈良県奈良市雑司町四〇六−一（四天王像）
延暦寺　滋賀県大津市坂本本町四二二〇（四天王像）
興福寺　奈良県奈良市登大路町四八番地（四天王像）
唐招提寺　奈良県奈良市五条町一三−四六（四天王像）
海住山寺《かいじゅうせんじ》　都府木津川市加茂町例幣海住山境外二〇（四
天王像）
竹林寺　高知県高知市五台山三五七七
金剛峯寺《こんごうぶじ》　和歌山県伊都郡高野町高野山一三二（四天王像）

吉祥天像

延暦寺　滋賀県大津市坂本本町四二二〇

鞍馬寺　京都府京都市左京区鞍馬本町一〇七四
観世音寺　福岡県太宰府市観世音寺五丁目六番一号
浄瑠璃寺《じょうるりじ》　京都府木津川市加茂町西小札場四〇
東大寺　奈良県奈良市雑司町四〇六－一
園城寺（三井寺）　滋賀県大津市園城寺町二四六

弁財天像

孝恩寺　大阪府貝塚市木積七九八
東大寺　奈良県奈良市雑司町四〇六－一
江島神社　神奈川県藤沢市江の島二－三－八
厳島神社大願寺　広島県廿日市市宮島町一－一
竹生島神社宝厳寺　滋賀県長浜市早崎町一六六五

大黒天像

大黒寺　大阪府羽曳野市大黒四九九
延暦寺　滋賀県大津市坂本本町四二二〇
興福寺　奈良県奈良市登大路町四八番地
圓徳院《えんとくいん》　京都府京都市東山区下河原通八坂鳥居前下る下河原町五三〇
四天王寺　大阪府大阪市天王寺区四天王寺一－一一－一八
宝積寺　京都府乙訓郡大山崎町大字大山崎字銭原一
本光寺　千葉県市川市大野町三－一六九五－一
喬正院　愛知県知多郡美浜町野間前川九五－四
福海寺　兵庫県神戸市兵庫区西柳原町一〇－一〇
神田明神　東京都千代田区外神田二丁目一六番二号
敷津松之宮大国主神社　大阪府大阪市浪速区敷津西1丁目二－一二
油掛大黒天神社　岡山県岡山市北区弓之町一六－八
一之宮都農神社《とのうじんじゃ》　宮崎県児湯郡都農町川北一三二九四番地

聖天（歓喜天）像

待乳《まつち》山《やま》本龍院《ほんりゅういん》　東京都台東区浅草七－四－一
宝山寺　奈良県生駒市門前町一番一号
歓喜院聖天堂　埼玉県熊谷市妻沼一六二七
足柄山聖天堂　静岡県駿東郡小山町竹之下三六四九
大福田寺《だいふくでんじ》　三重県桑名市東方一四二六
東楽寺　兵庫県豊岡市清冷寺一六六五
宝戒寺　神奈川県鎌倉市小町三－五

摩利支天像

聖澤院《しょうたくいん》（妙心寺）京都府京都市右京区花園妙心寺二七
玄静院　東京都豊島区南池袋三丁目六－一六

荼吉尼天像

伏見稲荷大社　京都府京都市伏見区深草藪之内町六八
豊川稲荷　愛知県豊川市豊川町一番地

訶梨帝母（鬼子母神）像

東大寺　奈良県奈良市雑司町四〇六－一

法明寺（鬼子母神堂）　豊島区雑司ヶ谷三－一五－二〇
真源寺入谷鬼子母神　東京都台東区下谷一－一二－一六
法華経寺　千葉県市川市中山二－一〇－一
園城寺（三井寺《みいでら》）　滋賀県大津市園城寺町二四六

閻魔天像

宝積寺《ほうしゃくじ》　京都府乙訓郡大山崎町大字大山崎字銭原一
白毫寺《びゃくごうじ》　奈良県奈良市白毫寺町三九二

＊国宝・国の重要文化財などを収蔵している寺社を中心に紹介していますが、全てではありません。仏像の公開時期が限られている場合もありますので、拝観の際は各寺社のホームページなどでご確認ください。

参考文献

本書の制作にあたって、左記の諸文献を参考にさせていただきました。ここに厚くお礼を申し上げます。

『新編　仏像図鑑』上・下巻　国訳秘密儀軌編纂局編　国書刊行会
『現代密教講座』第四巻〈行道篇1〉監修 編集　宮坂宥勝・金岡秀友・松長有慶 大東出版社
『真言陀羅尼』坂内龍雄　平河出版社
『密教』松長有慶　岩波新書
『梵字でみる密教』児玉義隆　大法輪閣
『カラー版　図解・曼荼羅の見方』小峰彌彦　大法輪閣
『梵字字典』小峰智行　東京堂出版
『真言・梵字の基礎知識』大法輪閣
『梵字必携　書写と解読』児玉義隆　朱鷺書房
『梵字悉曇』静　慈圓　朱鷺書房
『梵字手帖』徳山暉純　木耳社
『梵字入門』小峰彌彦（監修）　中野展子　東京堂出版
『印と真言の本 神仏と融合する密教秘法大全』藤巻一保・羽田守快・大宮司朗 学習研究社
『大法輪（特集 真言・陀羅尼・梵字の基礎と実践）』平成29年11月号
『仏尊のご利益功徳事典』大森義成　学習研究社
『呪《まじな》い完全マニュアル』仙岳坊那沙　国書刊行会
『仏教用語の基礎知識』角川選書
『曼荼羅入門』小峰彌彦 角川ソフィア文庫
『よくわかる真言宗』瓜生中　角川ソフィア文庫
『図説　あらすじでわかる！日本の仏』速水侑　青春出版社
『知っているようで知らない！日本の仏様』松濤弘道　日本文芸社
『白描画でわかる仏像百科』香取良夫　角川ソフィア文庫
『空海と真言宗がわかる本』大法輪閣編集部　大法輪閣
『よくわかるお経読本』瓜生中　角川ソフィア文庫
『決定版　日本の仏像２００』薬師寺君子　西東社
『わかる仏教史』宮本啓一　角川ソフィア文庫
『図解　早わかり！空海と真言宗』小峰彌彦　三笠書房
『あらすじとイラストでわかる密教』イースト・プレス
『常用諸経典和解』梅尾祥雲　六大新報社　（国立国会図書館所蔵デジタル版）
『仏教学辞典』法藏館
https://ja.wikipedia.org/wiki/ 真言

あとがき

『唱えればかなう真言事典』を手に取っていただきありがとうございます。

「真言」は悠久の時を経て今に残された聖なる言葉です。それはあまりに奥深く多岐にわたっていますが、本書で真言の効験の一端をわかりやすく紹介し、仏・菩薩の真実の言葉に力づけられる方が一人でもふえることを願って、浅学を顧みず執筆編集に努めました。

日本における真言の歴史をみると、平安時代から明治に至るまで、主に密教による鎮護国家、国難回避の秘法が大々的に修されてきたことが伝えられています。その中できわめて多くの真言が唱えられたとされます。

一方民衆の間で求められたのは、現世安穏《げんぜあんのん》・後生善処《ごしょうぜんしょ》の切実な願いでした。無病息災など現世の幸せと来世での往生、そういった庶民の祈りにこたえてきた修験者の存在も大きかったようです。

真言は限られた者だけが取り扱う国家護持の修法としての面だけでなく、庶民の苦しみに寄り添い、願いをかなえてくれる身近な魔法の呪文として今日まで伝えられてきたのです。

ひるがえって今、般若心経や光明真言のように広く人々に親しまれ大切に唱えられている真言があります。ほかにも多くの霊験あらたかな真言が伝えられています。

つらいときや迷いの淵にいるときこそ、こうした真言を唱えてください。不思議と心安らかになり力が湧いてくるでしょう。

大乗仏教の基本の教えに、「上求《じょうぐ》菩提《ぼだい》・下化《げけ》衆生《しゅじょう》」という言葉があります。上をめざして自らのために悟りを追求することと、衆生を教化《きょうげ》・救済することは同じなのだといいます。

自分のために修行し、他の人の救済のためにも尽くす、という自利利他の調和を理想とし一切衆生の済度《さいど》、すなわちすべての人の救済と導きをめざすのが、紀元前後に興った大乗仏教の教えです。その中から真言をとりわけ重要視する密教が登場します。

私たちが自分のために真言を唱えることは自利の行ないといえます。でも、自己の内面的成長はやがて他者のための祈りや、人のために尽力する利他行につながっているように思います。真言を唱えることもまた、自利利他行の第一歩ではないでしょうか。

なお、密教行者が三密加持を行なう際は、手に印を結び、口に真言、心に仏・菩薩を観る三密行が必要ですが、一般の方々に向けた本書では諸尊の解説の中に印契を示すにとどめ、図解は省いています。

印契についてより深く知りたい方は、『新装版　図印大鑑』（国書刊行会）に詳しく網羅されていますので、ご覧になってください。

また、真言密教では、厳密には真言を「咒」とし、呪術的なまじない言葉を「呪」と表して区別することがありますが、ここでは主に真言として統一しています。

最後になりますが、本書を上梓するにあたり、国書刊行会代表取締役の佐藤今朝夫様、書籍編集部の田中聡一郎様、編集・制作の永原秀信様、西田久美様に多大なご助力をいただきました。心より感謝申し上げます。

二〇一九年七月

編著者　中野展子

[編著者]
中野展子（なかの　のぶこ）
愛媛県松山市生まれ。
早稲田大学卒業。佛教大学大学院文学研究科仏教文化専攻修了。
フリーライター・編集プランナーとして教養書や趣味・実用書の執筆・編集に携わる。
〔著書〕『お金の常識・非常識』（心交社）、『年齢の話題事典』『老いの話題事典』『世界の祝祭日の事典』『梵字入門』（以上東京堂出版）ほか。

唱《とな》えればかなう真言事典《しんごんじてん》

2019年8月30日　第1刷発行
2022年11月10日　第2刷発行

編著者　中野展子
発行者　佐藤今朝夫
発行所　株式会社　国書刊行会
〒174-0056 東京都板橋区志村 1-13-15
TEL 03 (5970) 7421　FAX 03 (5970) 7427
https://www.kokusho.co.jp

制　作　永原秀信〈章友社〉
装丁･組版　西田久美〈Katzen Hous〉
印　刷　(株)エーヴィスシステムズ
製　本　(株)ブックアート

ISBN978-4-06379-3